国家自然基金资助项目（41271144）

中原经济区空间俱乐部趋同研究

Study on the Convergence of Spatial Clubs in Central Plains Economic Zone

赵 威◎著

中国经济出版社
CHINA ECONOMIC PUBLISHING HOUSE
北 京

图书在版编目（CIP）数据

中原经济区空间俱乐部趋同研究/赵威著.
—北京：中国经济出版社，2018.11
ISBN 978-7-5136-5345-9
Ⅰ.①中… Ⅱ.①赵… Ⅲ.①区域经济发展—研究—河南 Ⅳ.①F127.61
中国版本图书馆 CIP 数据核字（2018）第 204901 号

责任编辑 丁 楠
责任印制 马小宾
封面设计 久品轩

出版发行 中国经济出版社
印 刷 者 北京艾普海德印刷有限公司
经 销 者 各地新华书店
开 本 710mm×1000mm 1/16
印 张 14
字 数 174 千字
版 次 2018 年 11 月第 1 版
印 次 2018 年 11 月第 1 次
定 价 78.00 元
广告经营许可证 京西工商广字第 8179 号

中国经济出版社 **网址** www.economyph.com **社址** 北京市西城区百万庄北街 3 号 **邮编** 100037

序

改革开放以来，邓小平提出“在按劳分配的原则下，允许一部分人、一部分地区利用自身优势和区位优势先富起来，最终实现共同富裕”的政策，极大地促进了生产力发展。我国经济出现了持续快速增长，经济发达地区在沿海一带集中成片出现，而经济相对落后区域在我国内陆地区也出现了类似现象，这种连片的分布现象，就是富裕地区或者贫穷地区形成的空间俱乐部趋同现象，这为我国学者开展空间俱乐部趋同研究提供了大量的事实根据和研究案例。区域经济增长的时空特征日益受到学者们的关注，对趋同俱乐部的探索，正在成为区域经济增长研究的新热点。20世纪90年代末，我国一些学者开始关注区域经济增长俱乐部趋同问题，进行了深入探索，取得了一些研究成果。但缺乏对空间趋同俱乐部、影响因子及其形成和演进机制的系统研究。鉴于目前国内外学者对空间俱乐部趋同影响因子及其形成和演进机制研究的不足，该研究从区域经济增长空间俱乐部趋同的识别与检验出发，依据空间俱乐部趋同形成的初始条件、结构特征、空间属性以及空间趋同俱乐部不具有“遍在性”的特点，同时考虑富裕地区和贫穷地区的空间分布呈现集中连片现象，该研究以地方因子和具有地方效应的全局因子构架影响因子分析框架，分析不同空间趋同俱乐部的重要影响因子及其作用强度，探明空间趋同俱乐部的形成和演进机制。开展空间趋同俱乐部研究，可以揭示发达区域或者富裕区域的趋同机制，寻找欠发达地区或贫穷区域集聚的原因，从中获得扩大发达区域的集聚规模、打破欠发达区域集聚进程并缩小其规模的政策启示。这对于促进区域经济协调发展，尤其是解决连片贫困区域发展问题，保持发达区域经济增长的持续性，最终实现共同富裕，具有重要意义。

迄今为止，俱乐部趋同仍然是区域经济增长趋同研究的一个前沿领域。总体而言，目前大量的研究工作还处于初级阶段。主要表现在，绝大多数的研究工作还处在俱乐部趋同概念的界定以及是否存在俱乐部趋同的识别与检验上，如何提高俱乐部趋同检验中的区域分组及趋同检验方法的科学性，俱乐部趋同的形成和演进机制是什么等问题，现有的研究工作仍然是较为薄弱的。

当前从我国区域经济发展布局来看，长三角、珠三角、环渤海和海峡西岸经济区已经连成一线，形成了基本完善的东部沿海经济布局，中部经济区布局还有待进一步展开和优化。随着经济社会的快速发展，作为内陆人口和经济密集的重要区域，中原经济区的经济发展大体处于同一水平，区域内经济互补性强，内在联系紧密，中原经济区的形象日益凸显。建设中原经济区，有利于遵循经济发展规律，特别是区域经济发展规律，更好地落实科学发展观、加快转变经济发展方式。在新的历史时期，国家在优化发展东部沿海地区的同时，将在中西部一些资源环境承载力较强的区域，培育和发展若干支撑未来中国经济持续较快发展新的增长极，推动经济增长和市场需求空间由东向西、由南向北梯次拓展。建设中原经济区，顺应了区域经济发展趋势，体现了准确把握、自觉遵循经济发展规律的要求，将有力推动中原经济区深入贯彻落实科学发展观、加快经济发展方式转变，更好地利用市场机制促进资源整合、产业集聚，优化环境资源配置和建立节能减排约束机制，提升发展质量和发展水平，促进经济社会又好又快发展，对全面建设小康社会、加快推进社会主义现代化建设，具有重要意义。

赵威副教授在博士学习期间选择了区域经济增长俱乐部趋同作为研究

方向，顺利地完成了博士学位论文的研究工作，取得了可喜成绩。博士毕业后，赵威副教授主持了国家自然科学面上基金项目“区域经济增长空间俱乐部趋同检验及影响因子研究”的研究工作，对这个领域进行了持续性的探索。已经由中国经济出版社出版发行的《区域经济增长空间俱乐部趋同检验及影响因子研究》就是赵威副教授在该领域所做研究的一个新的代表性成果。《中原经济区空间俱乐部趋同研究》这本书，是赵威副教授在前期研究的基础上，结合中原经济区的现实和特征，经过潜心研究又一新的成果，本人认为，该书的学术价值主要有以下几个方面：

第一，该书从空间角度对俱乐部趋同的概念进行了科学界定，弥补了俱乐部趋同研究的不足。目前，关于俱乐部趋同的研究存在一个显著不足，即绝大多数研究工作停留在时间维度上面，当然，区域经济的增长不仅与当前的经济投入有关系，而且还与其过去的增长状态有关系，表现为经济增长的依赖性或者惯性，也就是区域经济增长的时间自相关性。而对于区域经济增长的空间属性研究，则相对较少。大量的研究结果表明，区域经济增长不仅与其本身有关，而且还与邻居区域的经济增长相关，因此，其增长存在明显的空间自相关。因此，研究区域经济增长与协调发展，不仅要研究其时间自相关，更要注重其空间自相关，否则，就有可能偏离俱乐部趋同的事实，导致无法揭示俱乐部趋同形成的内在机理。针对现有研究的不足，《中原经济区空间俱乐部趋同研究》从空间俱乐部趋同识别入手，利用探索性空间数据方法，科学地将研究区域进行分组。借助空间滞后模型、空间误差模型和空间截面模型等空间计量模型，对不同分组进行了俱乐部趋同检验。这对于更好的区分俱乐部趋同类型，丰富俱乐部趋同内涵，为俱乐部趋同研究引向深入具有重要意义。

第二，该书以中原经济区所辖的30个城市为研究的基本地域单元，综合运用探索性空间数据方法、横截面回归方法、面板数据分析方法及综合集成 GIS 分析技术等多种手段，检验了中原经济区空间俱乐部趋同的存在性及其空间演变过程。研究结果显示，在 HH 组和 LL 组存在空间俱乐部趋同现象，其中，HH 组包含 9 个成员，LL 组有 6 个成员，且 HH 组的趋同速度高于 LL 组的趋同速度。这些研究结果更科学、清晰地揭示了中原经济区经济增长俱乐部趋同的事实，为进一步揭示俱乐部趋同的形成和演进的内在机制提供了一个可信的事实基础。

第三，该书根据空间趋同俱乐部不具有"遍在性"的特征，依据地方因子和具有地方效应的全局因子构建影响因子分析框架，有望拓展和深化对趋同俱乐部影响因子的研究，同时，也可为同类研究工作提供参考和借鉴。探讨空间趋同俱乐部影响因子进行的双重筛选和检验方法，不仅丰富了俱乐部趋同影响因子的筛选、检验方法，也可为同类研究或其他类似研究提供研究方法上的支持。探明空间趋同俱乐部的重要影响因子及其形成和演进机制，借以对中原经济区不同经济发展水平地区的经济增长提供分类指导，也可为我国不同经济发展水平地区的经济发展提供更为丰富的政策信息，选择促进区域经济协调发展的政策手段，实现区域经济良性循环，提供决策参考。

除了上述 3 个方面之外，赵威副教授关于空间俱乐部趋同的研究尚有其他积极的学术贡献，本人在此不再一一赘述。据我所知，国内外关于俱乐部趋同研究的学术论文较为丰富，但是专门以空间趋同俱乐部研究的专著甚少。因此，赵威副教授的这本《中原经济区空间俱乐部趋同研究》著作显得尤为重要。本人期望《中原经济区空间俱乐部趋同研究》一书能够引起同行的关注，把空间俱乐部趋同的研究引向深入。同时，本人期待赵威副教授在这个领域继续坚持探索，做出新的成就。

覃成林

2018 年 10 月于暨南大学

前　言

区域经济增长俱乐部趋同的依赖模式、全局及局部的地理溢出日益受到学者们的关注。对空间趋同俱乐部的探索，逐渐成为俱乐部趋同研究领域一个新的热点。改革开放以来，我国经济出现了持续快速增长的同时，经济发达区域在沿海、沿江及交通枢纽一带出现了相对集聚的趋势，而经济相对落后区域也出现了连片集中分布的现象。这就是典型的空间俱乐部趋同现象，这为我们开展空间趋同俱乐部研究提供了较好的大量事实根据和研究案例。20 世纪 90 年代后期以来，我国一些学者开始研究俱乐部趋同问题，截止到目前，国内外的学者大多数研究均停留在俱乐部趋同的识别与检验方面，甚至连俱乐部趋同的概念至今也没有形成一个统一的认识，至于对研究区域采用何种方式进行分组，也没有达成一个成熟的统一的方法，方法本身内部的机理有些学者至今还没有弄清楚。至于什么是空间趋同俱乐部？对空间趋同俱乐部如何进行识别和检验，检验采用何种模型，主要观察指标是什么？造成空间俱乐部趋同的主要影响因子是什么？这些影响因子对空间俱乐部趋同的作用程度如何？经济发达地区的空间趋同俱乐部与经济欠发达地区的空间趋同俱乐部它们的趋同机理是否一致，通过政府调控能否减少欠发达地区空间趋同俱乐部的成员，增加发达地区空间趋同俱乐部成员，最终达到共同富裕。国内外的学者对上述问题的研究甚少，他们的研究还停留在俱乐部趋同的概念界定，趋同的识别与检验等初始状态。他们对空间趋同俱乐部、趋同影响因子以及空间趋同俱乐部的形成和演进机制的研究工作还为数不多。就国外的同类研究而言，国内是处于初步的学习和探讨阶段。鉴于对我国空间趋同俱乐部及其影响因子方面研究的文献还为数不多这一事实，本研究将从区域经济增长空间俱乐部趋同的概念入手，以空间俱乐部趋同的影响因子为介入点，依据空间趋同俱乐部形成的初始条件、结构特征、空间属性以及自身特点，同时考虑富裕地区和贫穷地区在空间分布上呈现集中连片现象，即空间趋同俱乐部不具有“遍在性”的特征，以地方因子和具有地方效应的全局因子构建空间趋同俱乐部影响因子分析框架，分析不同空间趋同俱乐部的重要影响因子及其作用强度，探明空间趋同俱乐部的形成和演进机制，为促进中原经济区不同经济发展水平地区的经济增长、协调区域经济发展提供理论参考。

中原经济区位于我国的中部地带，与沿海相比较则处于经济塌陷区，于是，中部崛起的呼声越来越高。2011 年 9 月 29 日通过的《国务院关于支持河南省加快建设中原经济区的指导意见》明确指出，保持经济持续快速健康增长的协调发展之路是中原经济区建设的核心任务。基于此，本研究选取了以中原经济区为案例进行研究，力争为中原经济区经济的协调发展提供政策借鉴。

本研究以新古典经济增长理论、新（内生）经济增长理论以及新经济地理学理论等为理论基础，通过构建模型，利用探索性空间数据方法，首先对研究区域进行科学分组，依据 OLS 检验及 White 检验的结果，从空间滞后模型、空间误差模型及空间截面模型中选取合适的模型分别对各分组进行检验，依据检验的结果初步判断上述 4 个分组中是否存在趋同现象，完成中原经济区空间俱乐部趋同检验。依据空间趋同俱乐部不具有“遍在性”的特征，本研究认为，中原经济区空间俱乐部趋同应是中原经济区当地的主要影响因子造成的，此外，还受具有地方效应的全局因子影响。因此，本研究将根据空间趋同俱乐部的特征，以地方因子和具有地方效应的全局因子，同时依据空间趋同俱乐部形成的初始条件、结构特征以及形成条件等构建空间趋同俱乐部影响因子分析框架。依据固定效应的空间滞后模型和固定效应的空间误差模型，对各空间趋同俱乐部的影响因子进行筛选。而后利用改进后的β趋同回归模型和固定效应的空间滞后模型（主要做主成分分析），对中原经济区各空间趋同俱乐部的影响因子进行双重检验，依据检验结果及主成分分析结果，最终得到中原经济区空间趋同俱乐部（HH组和LL组）的重要影响因子、比较重要的影响因子和一般影响因子，以及这些影响因子对该空间俱乐部趋同的作用程度。根据上述研究结果，考察不同年份各空间趋同俱乐部成员的变化趋势，依据改进后的β趋同回归模型、空间误差模型和空间截面模型检验的结果，考察各空间趋同俱乐部的空间依赖模式和空间溢出效应，揭示中原经济区各空间趋同俱乐部的形成和演进机制。

考虑到现有国内外学者研究的不足，本研究主要从以下几个方面开展：一是科学界定空间俱乐部趋同概念；二是依据空间趋同俱乐部的特征，对中原经济区的成员进行区域空间分组即空间俱乐部识别和检验；三是构建中原经济区空间趋同俱乐部影响因子分析框架，利用构建的模型对中原经济区各空间趋同俱乐部的影响因子进行筛选；四是中原经济区空间趋同俱乐部影响因子双重检验；五是依据各空间趋同俱乐部的空间依赖模式和空间溢出效应，分析研究中原经济区空间趋同俱乐部的形成和演进机制。

重要研究结果：根据空间趋同俱乐部的特性，本研究认为，所谓空间趋同俱乐部是指具有相同的初始条件、结构特征的一组区域的经济增长收敛于相同的稳态且空间相邻，这种现象称为空间俱乐部趋同现象，空间俱乐部趋同产生的结果就是形成依赖模式不同的空间趋同俱乐部。借助探索性空间数据方法，本研究将中原经济区分成了 HH 组、HL 组、LH 组和 LL 组 4 个组。依据 OLS 检验及 White 检验的结果，从空间滞后模型、空间误差模型和空间截面模型中选取合适的模型，分别对上述各组进行检验，检验结果发现，在中原经济区的 HH 组和 LL 组存在空间俱乐部趋同现象，即在中原经济区形成了 HH 组空间趋同俱乐部和 LL 组空间趋同俱乐部，其中 HH 组比较稳定的成员有 9 个，LL 组比较稳定的成员有 6 个。将研究年份历年的 Moran's I 散点图可视化后，本研究得到了中原经济区 HH 组空间趋同俱乐部及 LL 组空间趋同俱乐部历年成员的变化情况及其各成员的稳定状况，发现 LL 组的成员在逐年减少，具有很大的不稳定性；而 HH 组成员不仅稳定且成员数量也在不断增加，空间分布相对集中。由于空间趋同俱乐部不具有“遍在性”的特征同时考虑空间趋同俱乐部形成的初始条件、结构特征等，以地方因子和具有地方效应的全局因子构建了中原经济区空间趋同俱乐部影响因子分析框架。其中地方因子有：自然环境与自然资源禀赋、信息与交通、人口与人力资源、投资水平、市场需求、区位条件和产业结构等 7 个因素指标；具有对方效应的全局因子有：区域发展战略与区域发展政策、对外开放程度、市场化水平、教育发展和技术进步等 5 个因素指标。依据空间趋同俱乐部成员具有组内趋同，而组间趋异的特点，本研究构建了固定效应的空间滞后模型和固定效应的空间误差模型，借助这两个模型对中原经济区各空间趋同俱乐部的影响因子进行了双重筛选。

依据筛选结果，本研究利用改进后的β趋同回归模型和固定效应的空间滞后模型（做主成分分析）对上述筛选出的影响因子进行严格的双重检验。检验结果发现，中原经济区HH组空间趋同俱乐部的重要影响因子有投资水平和产业结构、比较重要的影响因子有市场化水平和市场需求、一般影响因子有年末总人口。LL组空间趋同俱乐部的重要影响因子有投资水平和市场需求、比较重要的影响因子有年末总人口。根据不同年份中原经济区各空间趋同俱乐部成员数量的变化，以及影响因子对空间俱乐部趋同的作用程度，同时结合不同空间趋同俱乐部形成的空间依赖模式和空间溢出效应，借助改进后的空间误差模型和空间截面模型，揭示了空间趋同俱乐部的形成和演进机制。

科学意义：依据地方因子和具有地方效应的全局因子构建中原经济区影响因子分析框架，有望拓展和深化对趋同俱乐部影响因子的研究，同时，也为同类研究提供参考和借鉴。探讨空间趋同俱乐部影响因子进行的双重筛选和检验方法，不仅丰富了俱乐部趋同影响因子筛选及检验方法，也可为同类研究或者其他类似研究提供研究方法上的支持。探明中原经济区空间趋同俱乐部的重要影响因子及其形成和演进机制，借以对我国不同发展水平地区的经济增长提供分类指导，也可为我国不同发展水平地区的经济发展提供更为丰富的政策信息，选择促进区域协调发展的政策手段，实现区域经济良性循环发展，提供决策参考。

目录

CONTENTS

第1章

引 言

一、研究背景分析

区域经济的持续快速增长，特别是经济发达地区（富裕地区）以及经济欠发达地区（贫穷地区）在空间上呈现出的集中连片现象即空间集聚现象，越来越受到国内外学者们的关注，对不同经济发展水平地区在空间上表现出的集聚现象，正在成为探索区域经济持续增长的一个新的研究方向。改革开放以来，我国经济出现了快速的持续增长，与此同时，经济发达区域在沿海、沿江或者交通枢纽一带出现了相对集聚的趋势，而经济相对落后的区域也出现了连片分布的现象，即空间俱乐部趋同现象，空间俱乐部趋同产生的原因是什么？即造成不同经济发展水平地区如此分布的主要原因是什么，有哪些因素影响了发达地区的经济持续增长，又有哪些因素阻碍经济欠发达地区的增长，这些问题的解决，能够为我国经济发达地区经济的持续健康增长以及经济欠发达地区的经济快速增长提供有益的政策借鉴，而且也是我国当前大力推进全面脱贫亟须解决的问题。

2011年9月29日通过的《国务院关于支持河南省加快建设中原经济

区的指导意见》明确指出：积极探索不以牺牲农业和粮食、生态和环境为代价的“三化”协调发展的路子，是中原经济区建设的核心任务，保持经济的持续快速健康增长是根本目的。

河南省是我国中部地区和黄河中下游地区的一个人口大省、农业大省和经济大省，经济总量一直位居全国的前列，但人均较低，庞大的内需已经形成，区位、人力、文化等资源优势显著，粮食生产、城镇建设、能源保障、交通体系、人力资源等支撑条件及承接产业转移的能力不断增强。由于河南省地处全国经济格局中的战略腹地，其在实现沿海经济带向内陆纵深不断拓展、产业转移由东至西梯度推进中具有不可替代的地位与作用。但是，以河南为中心的规划在国家层面上目前还是空白，在为国家做出巨大贡献的同时却长期处于政治的边缘，在一些方面已经形成了“中原塌陷”的严峻形势，对国家区域协调发展战略的实施构成了严峻挑战。

区域经济的发展不仅是局部问题，更是全局问题；不仅是一个紧迫的经济问题，更是一个重大的政治问题。按照当年邓小平同志提出的“两个大局”的地区发展战略，东部沿海地区要加快对外开放，优先发展起来，中西部地区要顾全这个大局；当发展到一定时期，全国达到小康水平时，就要拿出更多的力量帮助中西部发展，东部沿海也要服从这个大局。面对改革开放不断深化、经济社会快速发展、沿海先进地区在率先实现小康的基础上，加快向现代化目标迈进，为了更快缩小河南与全国平均水平的差距，实现中原崛起、振兴河南经济，促进中西部地区协调发展，胡锦涛总书记多次到河南考察，明确要求河南“贯彻科学发展观，抓住机遇，实现跨越式发展，牢牢把握国家促进中部地区崛起的宝贵机遇，在促进中部崛起中发挥更大作用，走在中部地区前列”。温家宝总理也多次到河南考察工作，希望河南把握省情，发挥优势，实现更大规模、更高水平发展。

从全国经济社会发展的大局来看。“十一五”以来，随着我国区域发展总体战略的不断实施和推进，全国各区域发展呈现出良好势头，制约各区域发展的突出问题得到缓解；区域协调互动机制正在逐步形成，对促进区域间优势互补发挥了积极作用。但是，在落实区域发展总体战略的过程中，也出现了一些实际问题，如，东、中、西和东北内部的区域差异仍然较大，区域政策的空间尺度偏大，针对性还不够强。鉴于此，近年来，以明晰区域定位、细化区域政策、规范地区发展走向为特征的新一轮区域布局悄然展开。随着北部湾经济区、海西经济区的设立，江苏沿海地区发展规划，辽宁沿海经济圈连成一线，东部沿海经济布局已基本完成。在中西部地区，经济布局正在调整和完善中。中原地区位于京广、陇海兰新两大经济带主轴的交会区域，也处于沿海经济带连通西北内陆地区的关键位置。这一地区的经济发展，不仅能够带动和促进当地的经济发展，而且能够促进全国区域经济的协调发展，能够发挥贯通全国经济格局的“腹地效应”、强化内陆经济战略支撑的大局。应当看到，分布于沿海地区的京津冀、长三角、珠三角经济区已经在改革开放的过程中占得先机。而武汉经济区、成渝经济区则沿长江向我国西南欠发达地区延伸。在陇海兰新经济带的中段，也应当形成一个强有力支撑作用的中原经济区，以完善自沿海向西北延伸的经济带，加强发达地区与欠发达地区的经济联系。另外，从加强区域合作的角度来看，我国不同地区之间在技术、资本及资源禀赋方面存在的差异性，要求区域之间加强相互协作。中原经济区周边地区的产业链特征具有很好的互补性、中原经济区不仅将为西部的原材料工业提供市场，也可为东部地区的加工业提供产业供应链。正是这种产业链的联系，使得中原经济区可能成为促进周边地区发展的增长极。

从中部崛起的要求来看。建设中原经济区，有利于在中部地区形成新的经济增长板块。2009年国务院通过的《促进中部地区崛起规划》要求：依托综合运输主通道，以资源环境承载力强、社会经济发展基础好、发展潜力大的地区为开发重点，加快形成“两横两纵”经济带，培育六大集聚人口和产业的城市群。党的十七届五中全会要求，各地区要严格按照主题功能定位推进发展，对人口密集、开发强度偏高、资源环境负荷过重的部分地区要优化开发，对资源环境承载力较强、集聚人口和经济条件较好的地区要重点开发。以河南为主体的中原经济区，是中部人口最为密集、经济总量最大、交通区位优势最为突出、最具发展潜力的区域。建设中原经济区，对于《促进中部地区崛起规划》的实施，加快中部地区崛起的进程，将产生积极而深远的影响。另外，从中部各省的区位和战略取向可以看出，中部地区崛起的过程将是“向外借力”和“内聚生力”相结合的过程。从“向外借力”看，湖南向南，一直在向泛珠三角靠拢；江西早已明确要成为上海的“后花园”；安徽在主动融入长三角经济带；山西在积极接受京津冀经济圈的辐射带动。从“内聚生力”来看，湖北地处长江中游，正在通过打造武汉城市圈，形成长江经济带的中段强点。以河南为主体的中原地区，地处全国的中心地带，距离长三角、珠三角、环渤海、海西两岸等经济区相对较远，难以接受这些经济区的辐射带动，也难以融入周边的经济区域，具有一定的独立性。从发展态势来看，河南作为中原经济区的主体，与相邻省份的临近地区经济发展水平相近，使命相同，区域合作基础好，共同发展的意愿和内生动力较强。随着经济社会的快速发展，特别是现代综合交通网络的逐步形成，区域内经济联系、人员交往等日益紧密，中原经济区已经成为地域毗邻、主体突出、经济互补、联系紧密、客观存在的经济区域。因此，研究中原经济区，可以在中部地区构筑具有强大集聚作用和辐射作用的核心增长极，促进中部地区经济社会又快又好发展。

从中原崛起的实践来看。建设中原经济区是多年来中原崛起的延伸、提升和拓展。20 世纪 90 年代以来，河南历届省委、省政府围绕中原崛起、河南振兴这一主题进行了不懈的探索和实践。在指导思想上，从“团结奋进、振兴河南”，到“奋力实现中原崛起”，再到实现“两大跨越”，坚持“四个重在”；核心是突出发展主题，加快中原崛起发展步伐。在发展目标上，从 20 世纪 90 年代初，河南提出了“一高一低”的要求，到后来提出“两个较高”的目标，再到面对“十二五”发展的新形势，河南又提出“两高一低”目标，河南经济社会发展的目标随着形势的变化不断丰富、不断完善和提高。在发展战略上，从“三大战略”到“四大战略”，再到“五大战略”和“六大战略”。在区域布局上，由“八五”时期，“以黄河经济为龙头，重点发展中州平原”；到“九五”时期，“以中心城市和交通干线为依托”“建设郑州商贸城”“发展中原城市群”；到“十五”时期，“把郑州建成国家区域中心城市”“建设以郑汴洛为支撑的中原城市群”“培育地区性中心城市”“积极发展中小城市”；到“十一五”时期，“建设中原城市群经济隆起带”“引导豫北、豫西、豫西南、黄淮地区加快发展”“形成合理的城镇体系”。上述发展思想、发展战略、区域布局和发展措施，是历届河南省领导班子依据当时实际情况，反映人民意愿的不断探索，对河南经济社会发展起到了重要的推动作用。

党的十七届五中全会通过的《中共中央关于制定国民经济和社会发展第十二个五年规划的建议》提出，要“更加重视改革顶层设计和总体规划”。区域经济发展同样需要顶层设计。建设中原经济区顶层设计的过程，是思想不断解放、认识不断深化、取得广泛共识、赢得多方支持的过程。河南省委、省政府审时度势、着眼全局，组织动员各界力量、汇集各方智慧，持续、延伸、拓展、深化中原崛起战略，提出了建设中原经济区、加快中原崛起和河南振兴总体战略，在省内外形成了广泛共识，产生了深远影响。设立中原经济区是历史的必然、形势的要求、发展的需要、人民的期盼。2010 年 11 月 15 - 17 日，河南省委召开八届十一次全会，审议并原则同意《中原经济区建设纲要（试行)》。11 月 26 日，河南省第十一届人民代表大会常务委员会第十八次会议通过《关于促进中原经济区建设的决定》。12 月 21 日，河南省委（豫［2010］16 号）文件，正式印发《中原经济区建设纲要（试行)》。

加快中原经济区的发展，关乎上亿人的福祉，关乎中部崛起大局，是统筹我国区域经济协调发展的一个战略关键，也是全面建设小康社会、构建和谐社会的时代呼应。随着改革开放，河南的经济总量一直位居全国前列，但是河南的人口基数较大，人均经济总量在全国各省的排名一直较低，2016 年河南省人均 GDP 在全国各省份排在 20 位，2017 年又有所下滑，说明河南的经济发展存在不稳定因素。另外，以河南省为主体的中原经济区内部，其不同地区的经济发展水平存在明显差距，经济发达地区主要位于以郑州市为中心的周边地区，距离省会郑州市较远的地区，经济发展水平相对较低。如何把中原经济区的经济发达地区、相对发达地区以及欠发达地区准确划分出来，以及这些地区在中原经济区里的空间分布？造成这种分布的主要原因是什么？有哪些因素促成了中原经济区不同经济发展水平的空间分布？即有哪些影响因素促进这些地区的经济发展？又有哪些因素制约了这些地区的经济发展？以及其形成机制是什么等？准确认识及理清这些问题，明确中原经济区不同经济发展水平地区经济发展的影响因素，可对中原经济区不同经济发展水平地区的经济增长，协调区域经济发展提供分类指导，对中原经济区的建设进程、建设质量以及中原经济区的协调发展等至关重要。

二、研究的目的及意义

（一）研究目的

本研究以《国务院关于支持河南省加快建设中原经济区的指导意见》为依据，借助探索性空间数据方法，利用2001年至2017年中原经济区各地级市（市域）17年的统计数据，对中原经济区不同经济发展水平地区进行科学分组（即划分出中原经济区的经济发达地区、相对发达地区和欠发达地区。)，探明其空间分布特征，通过构建空间滞后模型、空间误差模型及空间截面模型，对中原经济区各分组进行识别和检验，用以判断该组是否存在空间俱乐部趋同现象（用以研究其形成机制）。在此基础上，构建中原经济区空间俱乐部趋同影响因子分析框架，借助面板数据模型，构建固定效应的空间滞后模型和固定效应的空间误差模型，对中原经济区空间趋同俱乐部的影响因子进行筛选，依据筛选结果，借助β的趋同回归模型、固定效应的空间滞后模型以及S-Plus软件对空间趋同俱乐部筛选出的影响因子进行严格的双重检验，用以探明中原经济区不同类型空间趋同俱乐部经济增长的影响因子以及这些影响因子对该空间俱乐部趋同的作用程度，确定中原经济区不同空间趋同俱乐部的重要影响因子、比较重要的影响因子和一般影响因子。依据这些影响因子，为中原经济区不同经济发展水平地区的经济增长和协调发展提供分类指导和政策借鉴。

（二）研究意义

1. 理论意义

本研究将以新古典经济增长理论、新经济增长理论和新经济地理学理论等为理论基础，针对当前国内外对区域经济增长空间集聚影响因子研究的缺陷，本研究依据空间趋同俱乐部形成的初始条件、结构特征、空间特性以及中原经济区的特征选取影响因子，探寻影响中原经济区不同经济发展水平地区的重要影响因子以及这些影响因子对该地区经济增长的作用程度，借以探讨中原经济区不同经济发展水平地区经济持续增长的有效途径，意义如下：

（1）依据区域经济增长空间趋同俱乐部不具有“遍在性”的特点，本人认为，造成发达地区和欠发达地区经济增长的影响因子主要是由地方因子和具有地方效应的全局因子共同作用的结果。本研究将依据空间趋同俱乐部形成的初始条件、结构特征、空间特性以及中原经济区的特征等地方因子和具有地方效应的全局因子，构建中原经济区空间趋同俱乐部的影响因子分析框架，这些研究工作有望拓展和深化对我国不同经济发展水平地区的经济持续增长研究，同时，这种分类方法，也可为同类研究工作提供参考和借鉴。

（2）现有的研究文献表明，依据经济发达地区和欠发达地区在空间上集聚的空间特性，构建空间趋同俱乐部影响因子检验模型，针对影响因子进行检验的研究文献还为数不多这一事实，本研究将对中原经济区不同经济发展水平地区的经济增长构建影响因子双重检验模型，用以探讨不同经济发展水平地区的影响因子双重检验方法。这不仅丰富了影响因子的检验方法，而且也可为同类研究或其他类似的研究提供检验方法上的支持。

（3）国外对区域经济增长空间俱乐部趋同的研究起步较早，我国对区域经济增长空间俱乐部趋同的研究则处于起步阶段，无论是在理论上、还是方法上，均处于对国外同类研究的“学习”“模仿”阶段，特别是对空间趋同俱乐部的形成和演进机制的研究更是如此。针对其形成和演进机制的研究比较初步这一现实，本研究将根据空间局部溢出效应和依赖模式的区别，构建空间趋同俱乐部的形成和演进机制分析模型，揭示中原经济区空间趋同俱乐部的形成和演进机制，借以对中原经济区不同经济发展水平地区的经济增长制定相应政策，提供分类指导。

2. 应用价值

现有的研究成果多是以初始年份的人均 GDP 来反映区域经济增长的初始条件。尽管一些学者开始重视人力资本、技术、知识外溢以及政策因素等对经济增长的作用，但是，却忽略了市场化水平、制度变迁、对外开放程度、经济全球化水平，以及结构变迁等对不同经济发展水平地区经济增长的作用。尤其是没有深入地区分这些因素，对区域经济增长所产生的影响是地方性影响还是全局性影响，所以就难以挖掘出区域经济可持续发展的潜力。特别是仅用区域之间的近邻性（是否相邻）或通达性（距离）来描述地理空间关系对区域经济增长影响，忽视了地理环境及自然资源禀赋、交通和信息网络、行政区划体系等具有空间效应因素的作用。不难看出，现有研究文献对区域经济增长影响因子的选取过于简单化，将导致其研究成果的政策参考价值有限。针对上述缺陷，本研究将根据空间趋同俱乐部形成的初始条件、结构变迁、空间特性以及中原经济区的特征等更大范围内选取影响因子，理清其对经济增长所产生的影响是地方性影响还是全局性影响，并以地方因子和具有地方效应的全局因子构建中原经济区空间趋同俱乐部影响因子分析框架。通过构建模型，探明其重要的影响因子、比较重要的影响因子和一般影响因子，可为中原经济区乃至我国不同发展水平地区的经济增长，提供更为丰富的政策信息，选择促进区域协调发展的政策手段，特别是制定政策，减小“经济落后区域”（包括欠发达区域、贫困区域、衰退区域）的规模，扩大“富裕区域”的规模，最终实现中原经济区持续增长和协调发展，提供决策参考。

三、研究的主要内容

本研究的主要内容有以下几个方面，也是本研究要突破的重点和难点。

（一）研究区域分组

借助探索性空间数据分析方法，按照中原经济区 30 个城市长期的经济发展水平，在进行空间经济数据统计描述时，应用 Geoda 软件的可视化技术，制作不同区域的专题地图，并运用 Moran' *I* 指数进行空间自相关分析，绘制散点图，明确区域间的关系，对中原经济区进行区域分组、识别和检验。

（二）构建影响因子框架

依据经济发达地区及欠发达地区在空间分布上的集聚这一事实，同时根据经济高发区在空间上的分布不具有“遍在性”的特点，笔者认为促使经济高发区在空间上集聚原因，主要是由地方因子和具有地方效应的全局因子共同作用的结果。所以，本研究将依据地方因子和具有地方效应的全局因子构建中原经济区空间趋同俱乐部影响因子分析框架。

（三）影响因子筛选

考虑到促进经济发展的诸多因素具有时间滞后和空间误差，本研究将构建固定效应的空间滞后模型和固定效应的空间误差模型，对中原经济区空间趋同俱乐部的影响因子进行筛选。

（四）影响因子检验

为了保证中原经济区空间俱乐部趋同的影响因子准确、完整和无遗漏，本研究将采用严格的双重检验方法。首先将筛选出的影响因子进行β趋同检验，而后借助固定效应的空间滞后模型做主成分分析，同时与β趋同检验的结果进行对比，最终确定中原经济区空间俱乐部趋同的影响因子。利用S-Plus软件计算生成的主成分分析报告，根据报告里中原经济区空间趋同俱乐部影响因子的作用程度大小，确定中原经济区空间俱乐部趋同的重要影响因子、比较重要的影响因子和一般影响因子。

（五）构建空间趋同俱乐部形成和演进机制模型

根据空间趋同俱乐部不具有“遍在性”这一特点，本研究认为，空间俱乐部趋同的形成和演进机制主要是由经济增长的不同依赖模式和经济增长的空间溢出所致，为此本研究将借助β趋同回归模型以及改进后的空间误差模型和空间截面模型探讨中原经济区空间趋同俱乐部的形成和演进机制。

四、研究思路与方法

（一）研究思路

本研究的研究思路如下：①利用探索性空间数据方法对中原经济区进行分组、识别及检验。②依据检验结果，把经检验存在趋同现象的各区域分组所包含的成员挑选出来，而后视其是否一阶相邻，把一阶相邻的成员逐一挑出。那么，这些在空间上一阶相邻的成员就共同构成了一个中原经济区空间趋同俱乐部。③依据空间趋同俱乐部形成的初始条件、结构特征以及地方的特色，按地方因子和具有地方效应的全局因子构建中原经济区空间趋同俱乐部影响因子框架。④依据2001—2017年的《中国城市统计年鉴》以及中原经济区各省份历年的统计年鉴和各地市历年的统计年鉴，统计空间趋同俱乐部各成员影响因子解释变量的数据，将上述各空间趋同俱乐部成员影响因子解释变量的统计数据引入固定效应的空间滞后模型和固定效应的空间误差模型，进行双重筛选，经过筛选，将显著性较强的影响因子逐一挑出，即完成了中原经济区各空间趋同俱乐部的影响因子筛选。⑤借助β趋同回归模型对筛选出的影响因子进行检验，根据检验的结果，再将上述筛选出的影响因子引入固定效应的空间滞后模型再次进行检验，用以判断上述影响因子筛选的结果。并与β趋同回归模型检验的结果进行比较，利用S-Plus软件生成的主成分分析报告，依据各个主成分对该空间俱乐部趋同作用程度的大小以及其生成的分析报告，确定该空间趋同俱乐部的重要影响因子、比较重要的影响因子和一般影响因子。在此基础上，对顺利通过双重检验的各空间趋同俱乐部的影响因子进行分析，可为中原经济区不同经济发展水平地区的经济协调发展提供政策借鉴，也可为中原经济区不同经济发展水平地区的经济持续增长提供分类指导。

（二）主要研究方法

空间趋同俱乐部识别、检验、影响因子筛选、影响因子检验以及空间趋同俱乐部形成和演进机制分析等工作，需要根据不同需求，构建不同的空间计量模型。本研究将借助计算机工具，利用不同软件，依据不同的研究内容选取合适的空间计量模型，对中原经济区各空间趋同俱乐部进行研究和探讨，本研究拟用到的主要研究方法如下：

1. 空间俱乐部趋同识别方法（即分组方法）

空间俱乐部趋同的识别，首先要对研究区域进行区域分组，根据各区域组的空间相关性，判断该组是否存在空间趋同俱乐部。区域分组的方法较多，一类是采用预先设定的标准来分组，如 Tsionas（2001）采用 NUTS-3 的分类方法对希腊进行区域分组。Gallo（2001）为了使初始组包括的区域数目大致相同，采取了 5 类划分标准，低于欧洲平均 GDP 的65%、欧洲平均 GDP 的 65% ~95%、欧洲平均 GDP 的 95% ~110%、欧洲平均 GDP 的 110% ~125%、高于欧洲平均 GDP 的 125%。另一类是采用探索性空间数据分析方法进行区域分组，这种分组方法分两步走，第一步是构建一个空间权重矩阵。空间权重矩阵是模型化了的区域之间空间依赖性的最重要工具。或者更准确地说，每一个区域，都要通过被空间权重矩阵 W 内生引入的一个纯粹空间模式的方法与其邻居的区域发生联系（即每一个区域都是通过由空间权重矩阵定义的空间模式来与其邻居区域联系在一起的）。关于空间权重矩阵的定义有许多种，其中较为重要的有两种：一种是依据空间的相邻性，根据直接或间接相邻又可将研究空间的权重矩阵分成一阶相邻权重矩阵和二阶相邻权重矩阵等；第二种是依据研究区域的空间距离来构建空间权重矩阵。这两种方法构建的空间权重矩阵均具有很强的客观性，避免了很多人为因素的干扰。根据空间趋同俱乐部的概念和研究要求，本书将采用一阶相邻空间权重矩阵，对研究区域进行空间分组。公式如式（1-1）：

$$W=\begin{pmatrix} w_{11} & w_{12} & \cdots & w_{1n} \\ w_{21} & w_{22} & \cdots & w_{2n} \\ \cdots & \cdots & \cdots & \cdots \\ w_{n1} & w_{n2} & \cdots & w_{nn} \end{pmatrix} \tag{1-1}$$

上述矩阵中元素 w_{ij} 的取值规则为：

$$w_{ij}=\begin{cases} 1 & \text{区域 } i \text{ 和区域 } j \text{ 相邻} \\ 0 & \text{区域 } i \text{ 和区域 } j \text{ 不相邻} \end{cases}$$

第二步是测度空间自相关，进行区域分组。空间自相关可以由探索性空间数据分析方法得到的 Moran's I 系数（Baumont et al，2003）或由 Getis-Ord 统计量（Fischer，Manfred and Stirböck，2006）来测度，进而进行区域分组。Moran's I 系数的计算公式为式（1－2）（Anselin，2000、2002、2003）：

$$I=\left(\frac{n}{s_0}\right)\frac{\sum_{i=1}^{n}\sum_{j=1}^{n}w_{ij}x_ix_j}{\sum_{i=1}^{n}x_i^2} \tag{1-2}$$

式（1－2）中，n 是观测单元的数量，w_{ij}是空间权重矩阵 W 的一个元素，x_i 和 x_j 是区域 i 和区域 j 观测值偏离均值的量，s_0 是标准化要素，其值等于空间权重矩阵要素的和，即 $s_0=\sum_{i=1}^{n}\sum_{j=1}^{n}w_{ij}$。

如果把空间系数矩阵进行标准化处理，即每一行元素的和等于 1，则式（1－2）就变成了式（1－3）：

$$I=\frac{\sum_{i=1}^{n}\sum_{j=1}^{n}w_{ij}x_ix_j}{\sum_{i=1}^{n}x_i^2} \tag{1-3}$$

或者用矩阵表示为式（1－4）：

$$I=\frac{X'WX}{X'X} \tag{1-4}$$

其中，W 是空间权重矩阵，X 是观测值 x_i 相对于均值的偏离量所组成的列向量。从式（1－4）可以简单地看出，Moran's I 系数值介于［－1，1］之间，大于0 表示正的空间自相关，小于0 表示负的空间自相关。对于空间区域而言，如果区域与其“邻居”之间的相似性大于差异性，那么 Moran's I 系数大于 0，反之亦然。利用 Moran's I 系数可以把研究区域划分为 4 种不同类型：HH 型，即高收入的区域和高收入的邻居区域；LL 型，即低收入的区域和低收入的邻居区域；HL 型，即高收入的区域和低收入的邻居区域；LH 型，即低收入的区域和高收入的邻居区域。其中 HH 和 LL 表示正的空间自相关性，即相似性特征集聚在一起；相反，LH 和 HL 表示负的空间自相关性，即差异性特征集聚在一起（张伟丽，2009）。

此外，区域分组的方法还有 CART 等很多方法，在此不再赘述。

2. 空间俱乐部趋同检验方法

空间俱乐部趋同检验的目的就是对上述具有空间自相关特性的区域组进行辨别，分别对利用探索性空间数据方法得到的 4 个区域组（HH 组、HL 组、LH 组和 LL 组）进行检验，把存在空间俱乐部趋同的区域组检验出来。主要依据空间滞后模型、空间截面模型和空间误差模型进行检验。首先，在同一空间区域组内，进行绝对β趋同中的 OLS 回归估计，依据估计结果，得到各组的诊断性检验值。另外，为了确定各组的空间依赖模式（空间滞后模型或空间误差模型），利用拉格朗日乘数检验值（为 LMERR、LMLAG）及其稳健性进行判断。Anselin（1998a）和 Florax（1995）提出的决定原则，如果 LMLAG 比 LMERR 更显著，而且 RLMLAG 显著但 RLMERR 不显著，那么，用于判断的合适模型就是空间滞后模型。相反地，如果 LMERR 比 LMLAG 更显著，且 RLMERR 显著但 RLMLAG 不显著，那么合适的判断模型即为空间误差模型。

当对区域分组进行了空间自相关和空间异质性为目的的识别后，如果得到的拉格朗日乘数检验值均不显著，且 White 检验值并不能拒绝同质性的原假设，那就意味着被识别的空间区域组内不存在空间俱乐部趋同现象；反之，则意味着可能存在空间俱乐部趋同现象，转而进入下一步的识别程序，即采用下述合适的空间计量模型来检验空间俱乐部趋同的存在性。

（1）空间滞后模型（The spatial autoregressive model）

在空间滞后模型中（式 1－5），观测对象的空间相关性是由内生的空间滞后变量 $W\left[\frac{1}{T}\ln\left(\frac{\overrightarrow{gdp_{iT}^{j}}}{gdp_{i0}^{j}}\right)\right]$ 来反映：

$$\frac{1}{T}\ln\left(\frac{\overrightarrow{gdp_{iT}^{j}}}{gdp_{i0}^{j}}\right)=\alpha S+\beta\ln\left(\overrightarrow{gdp_{i0}^{j}}\right)+\rho W\left[\frac{1}{T}\ln\left(\frac{\overrightarrow{gdp_{iT}^{j}}}{gdp_{i0}^{j}}\right)\right]+\mu \qquad (1-5)$$

式中上标 $j=1$，2，…，n，分别代表本研究得到的 n 个空间区域组。$\left(\frac{\overrightarrow{gdp_{iT}^{j}}}{gdp_{i0}^{j}}\right)$ 代表的是属于第 j 个区域组的每一区域的人均 GDP 从初始时点 0 到终止时点 T 这一时段内的增长率向量，$\left(\overrightarrow{gdp_{i0}^{j}}\right)$ 是属于第 j 个区域组的各个区域在初始时期的人均 GDP 向量，μ 为服从正态分布的随机误差项，S 是总向量，ρ 为空间滞后系数，用来测度由外生引入的标准化权重矩阵所确定的空间模式反映的各空间区域之间的相互作用强度。空间滞后变量 $W\left[\frac{1}{T}\ln\left(\frac{\overrightarrow{gdp_{iT}^{j}}}{gdp_{i0}^{j}}\right)\right]$ 是受空间权重矩阵影响的增长率向量。

由于随机回归向量 $W\left[\frac{1}{T}\ln\left(\frac{\overrightarrow{gdp_{iT}^{j}}}{gdp_{i0}^{j}}\right)\right]$ 存在，而且该回归向量常常与 μ 联系在一起，因此，这个模型若用 OLS 估计将会产生不一致的估计量，所以必须通过最大似然法 ML 或者工具变量法 IV 进行估计。

（2）空间横截面模型（The spatial cross-regressive model）

空间横截面模型（式 1－6）的优势在于将空间效应与每一个对象的邻居结合起来，而且还保持了与空间溢出理论的强烈联系。在该模型中，空间滞后变量为外生的。

$$\frac{1}{T}\ln\left(\frac{\overrightarrow{gdp_{iT}^{j}}}{gdp_{i0}^{j}}\right)=\alpha S+\beta\ln\left(\overrightarrow{gdp_{i0}^{j}}\right)+WZ\gamma+\mu \qquad (1-6)$$

式中，包含在（$n\times h$）阶矩阵 Z 中的 h 个外生空间滞后变量的影响是

通过参数向量 γ 反映的。利用这个公式可以处理显著的空间溢出效应，可解释为条件趋同模型与可能影响增长率的空间环境变量的结合。矩阵 Z 有可能包括 ln（$\overrightarrow{gdp_{i0}^{j}}$），也有可能不包括。当矩阵 Z 仅包括 ln（$\overrightarrow{gdp_{i0}^{j}}$）时，式（1－6）就变成了如下形式（式 1－7）：

$$\frac{1}{T}\ln\left(\frac{\overrightarrow{gdp_{iT}^{j}}}{gdp_{i0}^{j}}\right)=\alpha S+\beta\ln\left(\overrightarrow{gdp_{i0}^{j}}\right)+\gamma W\ln\left(\overrightarrow{gdp_{i0}^{j}}\right)+\mu \qquad (1-7)$$

在模型（式 1－7）里只有空间滞后的初始人均 GDP 水平这一变量影响增长率，它同时估计了初始人均 GDP 水平对增长率的直接影响和空间滞后影响。

López-Bazo 等（1999）提出的空间截面模型的形式为：

$$\frac{1}{T}\ln\left(\frac{\overrightarrow{gdp_{iT}^{j}}}{gdp_{i0}^{j}}\right)=\alpha+\beta\ln\left(\overrightarrow{gdp_{i0}^{j}}\right)+\tau W\ln\left(\overrightarrow{gdp_{i0}^{j}}\right)+\rho W\left[\frac{1}{T}\ln\left(\frac{\overrightarrow{gdp_{iT}^{j}}}{gdp_{i0}^{j}}\right)\right]+\varepsilon_i \qquad (1-8)$$

式中的 τ 和 ρ 是初始收入和增长率的待估空间滞后参数，ε_i 是随机误差项，该模型的结构形式包含了 $W\left[\frac{1}{T}\ln\left(\frac{\overrightarrow{gdp_{iT}^{j}}}{gdp_{i0}^{j}}\right)\right]$ 和 $W\ln\left(\overrightarrow{gdp_{i0}^{j}}\right)$ 两个变量，前者是模型化了的全局性溢出效应，后者是模型化了的局部性溢出效应（S Alexiadis，2004）。该模型具有 3 个优点：一是当空间效应被控制，它通过参数 β 服从了趋同的基本条件；二是它能够证实区域溢出效应在区域经济增长过程中的存在及大小；三是由于模型的结构形式包含有空间自回归模型和空间截面回归模型，前者是模型化了的整体溢出效益，而后者则是模型化了的局部溢出效应（S Alexiadis，2004）。因此，可以在式（1－8）的结构里将由 Anselin（2003）引入的全局性溢出和局部性溢出联系在一起。

（3）空间误差模型（The spatial error model）

当空间依赖被认为是通过忽略的空间变量而产生的效应时，空间误差模型是合适的，当其服从一个一阶过程时，空间误差模型形式为式（1－9）：

$$\frac{1}{T}\ln\left(\frac{\overrightarrow{gdp_{iT}^{j}}}{gdp_{i0}^{j}}\right)=\alpha S+\beta\ln(\overrightarrow{gdp_{i0}^{j}})+\varepsilon^{j}$$

$$\varepsilon^{j}=\lambda^{j}W\varepsilon^{j}+\mu \tag{1-9}$$

式中 λ^{j} 为第 j 个空间区域组的规模参数，由它测度回归残差之间的空间相关程度，由于变量参数的有偏估计，用 OLS 的推断可能产生误导。因此，这个模型应由 ML 或 GMM 来估计。

这个模型（式 1－9）还可以被改写成为（式 1－10）：

$$(I-\lambda W)\frac{1}{T}\ln\left(\frac{\overrightarrow{gdp_{iT}^{j}}}{gdp_{i0}^{j}}\right)=\alpha(I-\lambda W)S+\beta\ (I-\lambda W)\ln\ (\overrightarrow{gdp_{i0}^{j}})+\mu \tag{1-10}$$

或者（式 1－11）两种形式：

$$\frac{1}{T}\ln\left(\frac{\overrightarrow{gdp_{iT}^{j}}}{gdp_{i0}^{j}}\right)=\alpha(I-\lambda W)S+\beta\ln(\overrightarrow{gdp_{i0}^{j}})+\lambda W\left[\frac{1}{T}\ln\left(\frac{\overrightarrow{gdp_{iT}^{j}}}{gdp_{i0}^{j}}\right)\right]+$$

$$\gamma W\ln(\overrightarrow{gdp_{i0}^{j}})+\mu \tag{1-11}$$

式中的 $\gamma=-\lambda\beta$，式 1－11 称为空间宾德模型，该模型可用 ML 方法进行估计。

（4）绝对 β 趋同模型（Anselin，1998a）

在空间俱乐部趋同检验时，选择空间滞后模型还是空间误差模型需要借助绝对 β 趋同回归模型中的 OLS 检验结果，根据检验的结果方可能确定下来是用空间滞后模型还是应用空间误差模型。绝对 β 趋同回归模型的表达式为式（1－12）：

$$\frac{1}{T}\ln\left(\frac{y_{iT}^{j}}{y_{i0}^{j}}\right)=\alpha^{j}+\beta^{j}\ln(y_{i0}^{j})+\varepsilon_{i}^{j}$$

$$\varepsilon_{i}^{j}\approx N\ (0,\ \sigma_{j}^{2}I_{n}) \tag{1-12}$$

其中，y_{iT}^{j}代表第 j 个区域组内的任一区域 i 在 T 年份的人均产出，y_{i0}^{j}

代表第 j 个区域组内的任一区域 i 在初始年份的人均产出，α^j、β^j 为待估参数，其中，$\beta^j = \frac{1 - e^{-\lambda^j T}}{T}$，可以根据此式计算趋同速度 λ^j，ε_i^j 为随机扰动误差项。当回归得到的 β^j 在统计上显著为负时，那么该区域组内各区域之间就存在截面型俱乐部趋同，这些区域就构成了一个截面型趋同俱乐部。

3. 空间趋同俱乐部影响因子筛选方法

根据空间趋同俱乐部形成的初始条件和结构特征，本研究把空间趋同俱乐部的影响因子分成了地方因子和具有地方效应的全局因子，按照这两种影响因子，构建中原经济区空间趋同俱乐部的影响因子框架，而后将这些经过分类的影响因子一并引入构建的空间趋同俱乐部影响因子筛选模型中进行回归计算，根据回归计算的结果，把显著的影响因子逐一挑选出来，即完成了中原经济区空间趋同俱乐部影响因子筛选。

以往的研究文献对空间趋同俱乐部影响因子的筛选，多采用截面回归模型，由于这类模型受到自由度的制约，可以引入的控制变量有限，而又无法引入影响稳态水平的那些难以观测的背景变量，当这些背景变量与解释变量相关时，若遗漏了就可能使得估计值偏离，以致得出错误的结论。空间面板数据模型在一定程度上提供了控制背景变量的方法，这一方法对于区域趋同研究以及趋同俱乐部影响因子的筛选应该是更为合适模型（Islam，1995）。尽管已有一些学者对我国的区域经济增长差异进行了经验性研究，使用了空间面板数据方法，但均没有考虑研究区域的空间相关性问题。实际上，知识扩散、国内贸易、要素流动、技术以及其它意义上的空间溢出，使得区域经济增长存在空间相互作用，由于分析中使用的是基于行政区划的空间数据，可是行政区划边界与实际功能区边界在事实上往往表现为不一致，使得相邻行政区的测量误差发生联系（Anselin，2000）。因此，利用面板数据模型做空间趋同俱乐部影响因子的筛选仍然还有不完善的地方，仍然可能造成影响因子的遗漏。

事实上，研究区域的经济增长及其趋同的因素是复杂的。因此，在研究其影响因子时，应把时间因素和空间因素纳入到统一的框架中去，不仅要研究区域经济增长的空间和时间的异质性，同时还要引入空间相关性。满足上述条件的影响因子筛选模型，只有空间面板数据模型。EIhorst 在传统的面板数据模型中引入了空间滞后误差项或空间滞后被解释变量，从而明确地考虑了空间相关性，引入空间滞后项的传统面板模型称为固定效应的空间滞后模型，引入空间误差项的传统面板模型称为固定效应的空间误差模型。模型中控制了两类非观测效应即空间固定效应和时间固定效应，空间固定效应反映随区位变化，但不随时间变化的背景变量（如自然资源禀赋、自然环境等）对空间俱乐部趋同的影响；时间固定效应代表随时间变化，但不随区位条件变化的背景变化（如暂时性冲击、商业周期等）对空间俱乐部趋同的影响。下面是模型的矩阵表述：

设研究区域共有 N 个地区，T 个时期，K 个解释变量，第 t 期的观测值如下：

$$y_t=\begin{bmatrix} y_{1t} \\ y_{2t} \\ \vdots \\ y_{Nt} \end{bmatrix} \quad X_t=\begin{bmatrix} X_{1t}^1 & X_{1t}^2 & \cdots & X_{1t}^k \\ X_{2t}^1 & X_{2t}^2 & \cdots & X_{2t}^k \\ \vdots & \vdots & \ddots & \vdots \\ X_{Nt}^1 & X_{Nt}^2 & \cdots & X_{Nt}^k \end{bmatrix} \quad \varepsilon_t=\begin{bmatrix} \varepsilon_{1t} \\ \varepsilon_{2t} \\ \vdots \\ \varepsilon_{Nt} \end{bmatrix}$$

式中 y_t 为第 t 期 N 个地区的人均 GDP 增长率列向量、X_t 为第 t 期 k 个测度影响因子的解释变量的观测值矩阵，第一个解释变量 X^1 为初期人均收入，ε_t 为 t 期的误差项，假设 ε_t 服从经典线性回归模型的假设。则不同时期的数据叠加后形式如下：

$$y=\begin{bmatrix} y_1 \\ y_2 \\ \vdots \\ y_T \end{bmatrix} \quad X=\begin{bmatrix} X_1 \\ X_2 \\ \vdots \\ X_T \end{bmatrix} \quad \varepsilon=\begin{bmatrix} \varepsilon_1 \\ \varepsilon_2 \\ \vdots \\ \varepsilon_T \end{bmatrix}$$

对应于每一个观测值的空间和时间固定效应列向量如下：

$$\alpha = i_T \otimes sF \qquad \delta = tF \otimes i_N$$

上式中 i_T 和 i_N 为 T 维和 N 维元素全为 1 的列向量，设矩阵 C 如下：

$$C = I_T \otimes W$$

上式中，C 为 $NT \times NT$ 的方块对角矩阵，I_T 为 $T \times T$ 的单位矩阵，W 是 $N \times N$ 的空间权重矩阵。在传统的固定效应模型中，分别引入空间滞后被解释变量及空间滞后误差项，即可以得到以下两种空间固定效应模型：

$$y = \rho C y + X\beta + \alpha + \delta + \varepsilon \tag{1-13}$$

$$y = X\beta + \alpha + \delta + \mu \tag{1-14}$$

$$\mu = \lambda C \mu + \varepsilon$$

上式中，模型（1-13）为固定效应的空间滞后模型，模型（1-14）为固定效应的空间误差模型。β 为解释变量系数的 k 维列向量，λ 和 ρ 为空间滞后项的系数，μ 为误差项，服从空间一阶自回归过程。这两个模型所反映的空间相关性均是全局性的，研究区域内任何两个区域之间都存在相关性，并且其相关强度服从距离衰减规律，固定效应的空间滞后模型意味着研究区域内任何一个区域经济增长的所有解释变量都会通过空间传导机制作用于其它区域；而固定效应的空间误差模型则是反映空间外溢是随机冲击作用的结果。因此，模型（1-13）和模型（1-14）不仅考虑了区域经济增长的时间和空间的异质性，而且还把空间相关性明确引入了趋同模型中，这在很大程度上纠正了模型的误设问题，而且还可以考察研究区域的空间外溢情况。

空间相关性检验是空间计量经济分析的一个重要组成部分，Moran's *I*（*Maron*，1948）、LMlag（Anselin，1988b）、LMerr（Burridge，1980）、Robust LMlag 和 Robust LMerr（Anselin，1988b）等空间相关性检验①均不能直接用于空间面板数据模型，都是针对空间截面数据模型提出的。本研究应用方块对角矩阵 C 代替 Moran's *I* 等统计公式中的空间权重矩阵，这样就可以很方便的把这些检验扩展到面板数据分析。最小二乘法不适合用来估计空间计量经济模型，因为在模型包含空间滞后误差项的情况下，尽管 OLS 估计量是无偏的，但是，其估计值已不再有效；当模型包含有空间滞后的被解释变量的情况下，OLS 估计量不仅是有偏的而且是非一致的。

LMerr 和 LMlag 及其稳健形式的空间相关性检验，既可以用来检验空间相关性，还可以为模型的选定提供线索（Anselin & Rey，1991；Anselin & Florax，1995），帮助了本研究在模型（1 - 13）和模型（1 - 14）之间进行选择。目前通常的做法是首先进行 OLS 方法估计，不考虑空间相关性的受约束模型，而后进行空间相关性检验。若 LMlag（或 LMerr）比 LMerr（或 LMlag）的统计值更为显著，那么，应该选择的模型就是固定效应的空间滞后模型（1 - 13），否则就为固定效应的空间误差模型（1 - 14）。Rey 和 Montouri（1997）利用蒙特卡罗试验方法证明，此方法能够为空间计量经济模型的选择提供有益的启示。

依据上述检验出的存在空间趋同现象的区域组（空间趋同俱乐部）为对象，将各空间趋同俱乐部影响因子解释变量，视情况代入固定效应的空间滞后模型（式 1 - 13）或固定效应的空间误差模型（式 1 - 14），检验各解释变量对空间趋同俱乐部的影响是否显著，把影响效果显著的

---

① LMerr 和 LMlag 是两个拉格朗日乘数检验，主要用于检验空间误差自相关和空间滞后自相关。

解释变量所测度的影响因子挑选出来，即完成了空间俱乐部趋同影响因子的筛选。

4. 空间俱乐部趋同影响因子检验方法

把由固定效应的空间滞后模型（1－13）和固定效应的空间误差模型（1－14）筛选出的影响因子，借助对β趋同回归模型，采取逐步引入变量的方法，分析上述筛选出的各影响因子对空间趋同俱乐部影响的作用程度，用于验证所提出的关于空间趋同俱乐部影响因子的假设。

β趋同回归模型为：

$$y_i = \alpha_i + \beta\log(\mathrm{GDP})_{Ti} + \sum_{j=1}^{n}\gamma_j X_{ji} + \sum_{k=1}^{n-1}\lambda_k D_k + \varepsilon_i \qquad (1-15)$$

式中$y_i = \log(\mathrm{GDP})_{T_i} - \log(\mathrm{GDP})_{t_i}$是研究时段内$i$区的GDP增长率，$(\mathrm{GDP})_{t_i}$是$i$区域人均GDP的初始水平，$(\mathrm{GDP})_{T_i}$是$i$区域人均GDP的期末水平，$X_{ji}$是$i$区域在初期的第$j$个指标，$j=1$，2，……，$m$（是经过筛选的影响因子），$\gamma_j$为回归系数。$D_k$（$k=1$、2……$n-1$，$n$表示区域组的个数）为区域组的归属虚拟变量，属于第$k$个区域组的区域有$D_k=1$，其他区域为0，$\varepsilon_i$是随机误差项。

在模型（1－15）中逐步引入由固定效应的空间滞后模型（1－13）和固定效应的空间误差模型（1－14）筛选出的影响因子，显著的影响因子保留下来，同时剔除不显著的影响因子，这样就会得出一个回归分析结果，从回归分析的结果可以看出哪些影响因子顺利通过了检验，这些顺利通过检验的影响因子就是该空间趋同俱乐部的影响因子。

通过上述影响因子的初步检验，本研究还无法判定已经顺利通过检验的影响因子对各空间俱乐部趋同作用程度的大小，以及在这些已经通过检验的影响因子中，哪些是重要影响因子、哪些是比较重要的影响因子、又有哪些影响因子是一般影响因子，为此，本研究将借助固定效应的空间滞后模型（式 1 – 13）对经过筛选的影响因子进行主成分分析。

经过对空间趋同俱乐部的影响因子的双重检验，本研究就得到了影响各空间趋同俱乐部的重要影响因子、比较重要的影响因子和一般影响因子，以及这些影响因子对各空间俱乐部趋同的作用程度。根据影响各空间趋同俱乐部的主要因子就可以为政府部门提供促进区域经济协调发展，缩小区域经济发展差距提出具体实施的依据。

5. 空间趋同俱乐部形成和演进机制研究方法

空间趋同俱乐部的形成和演进机制，主要是依据研究时段内不同年份不同空间趋同俱乐部成员数量的增减以及俱乐部成员的分布范围变化，依据空间滞后模型、空间误差模型和空间截面模型对空间俱乐部趋同检验的结果，从中发现不同空间趋同俱乐部的依赖模式以及空间溢出效应，观察空间溢出效应的表现形式是全局的还是局部的，如果空间溢出效应表现出既有全局溢出效应，同时又存在局部溢出效应，此时，就要考察全局溢出效应值和局部溢出效应值的大小，若全局溢出效应大于局部溢出效应，则在该分组内不会形成空间趋同俱乐部，只会存在空间上的集聚效应；若局部溢出效应大于全局溢出效应，就会在局部地区形成空间趋同俱乐部。

（三）研究的技术路线

本研究除遵循传统的趋同理论外，还依据研究区域的空间相互作用，运用经济地理学的经济空间组织理论、区域发展理论以及空间计量分析方法，并尝试将新古典经济增长理论、新增长理论以及新经济地理学的有关理论进行综合集成，对本研究所涉及的问题进行研究。基于此，本研究的技术路线如图 1 – 1：

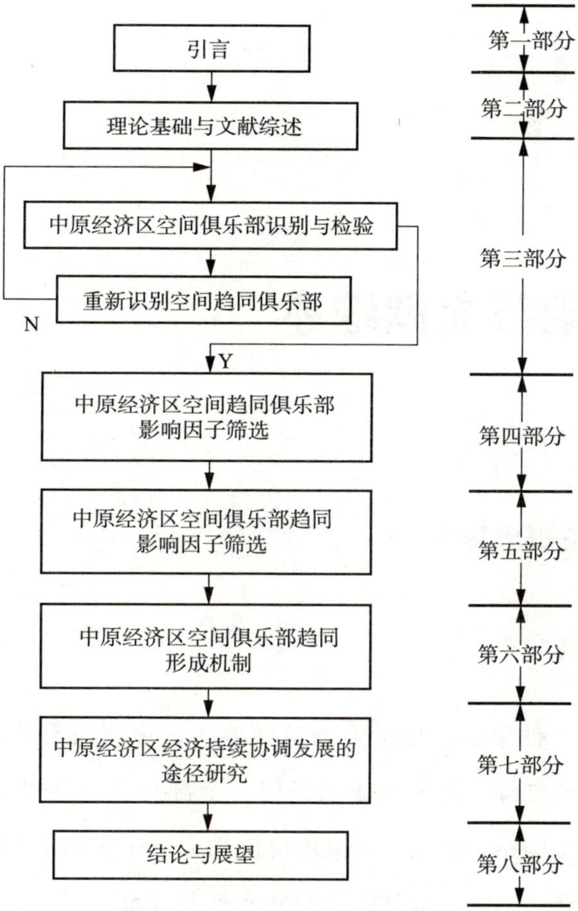
引言
理论基础与文献综述
中原经济区空间俱乐部识别与检验
重新识别空间趋同俱乐部
N
Y
中原经济区空间趋同俱乐部
影响因子筛选
中原经济区空间俱乐部趋同
影响因子筛选
中原经济区空间俱乐部趋同
形成机制
中原经济区经济持续协调发展的
途径研究
结论与展望
第一部分
第二部分
第三部分
第四部分
第五部分
第六部分
第七部分
第八部分

图1－1 研究的技术路线

第 2 章

理论基础与文献综述

一、相关概念界定

（一）区域

区域是一个抽象的、理论上的空间概念，往往没有严格的范围和边界，以及确切的方位，地球表面的任何一个部分，一个村庄、一个城镇、一个地区、一个国家乃至几个国家均可以构成一个区域。但区域又不纯粹是一个空洞的概念。区域有其内部结构和外部环境，是由地形、地貌、资源、环境、人口、经济、社会和政治等诸要素构成的综合体，区域内外始终进行着物质、能量、资金、劳动、技术和信息的交流。不同的学科对区域的定义有着不同的回答：地理学把区域定义为地球表层的地域单元，政治学则将区域看作是国家管理的行政单元，而社会学则视区域为具有相同语言、相同信仰和民族特征的人类社会聚落。

经济学中关于区域概念迄今尚未有明确的、统一的定义，最早从经济学角度对区域概念进行界定的当推 1922 年全俄经济区划问题委员会，其定义为："所谓区域应该是国家的一个特殊的经济上尽可能完整的地区，这种地区由于自然特点、以往的文化积累和居民及其生产活动能力的结合而成为国民经济总链条中的一个环节”。目前，在学术界影响最大的一种定义则是由美国著名区域经济学家艾德加·胡佛（Edgar M. Hoover）于1970年给出的。他认为“区域是基于描述、分析、管理、计划或制定政策等目的而作为一个应用性整体加以考察的一片地区”。换句通俗的说法，“区域是经济学家获准研究的地区”。胡佛进一步指出，按照区域内部的同质性和功能一体化原则，可把区域分成两种不同的类型：同质区域和功能区域。结节区域（Nodal Region）是一种特定类型的功能区域，其结构类似于生物细胞或原子结构，有一个核心周围腹地共同构成地区。综合以上所述，区域经济学家关于区域概念的基本内涵大致表现为以下几个方面：区域首先是一个空间概念，经济活动不管何种产业和处于什么发展阶段，都必须落实到一定的区域空间。其次，区域必然包括于某一个或几个主权国家的疆域，中央政府对它拥有政治、经济调控权，它的繁荣与萧条对整个国民经济和社会政治具有显著影响。另外，区域一般具有专业化特点和比较完整的经济结构，不同区域之间相互依存、相互联系，构成包容经济、社会、文化、政治诸因素在内的综合性统一体。

本研究对区域的概念界定为，区域既不是以自然特征，如，地质、地貌、气候、植被等为标准划分的自然区，也不是纯粹的国家管理的行政区，而是在考虑行政区划的基础上，按照经济活动的内在联系形成的经济区域。这是因为经济区域的形成大多受到政府计划和政策的影响，而且行政区域便于统计资料和数据的获取，有利于进行区域分析。事实上，出于资料获取和分析的需要，现有的区域研究基本上都是以行政区域作为空间单元对比与分析，正如艾德加·胡佛指出的“最有用的区域分类也就是那些遵循政策管理范围的边界划分而成的区域了”。

综合上述，本研究认为区域的概念是指地球表层具有某一物质实体的、具有现实或潜在经济功能的空间，它是人类赖以生存和发展的重要场所。

（二）区域经济

区域经济是在一定区域内经济发展的内部因素与外部条件相互作用而产生的生产综合体。每一个区域的经济发展都受到自然条件、社会经济条件和技术经济政策等因素的制约。水分、热量、光照、土地和灾害频率等自然条件都影响着区域经济的发展，有时还起到十分重要的作用；在一定的生产力发展水平条件下，区域经济的发展程度受投入的资金、技术和劳动等因素的制约；技术经济政策对于特定区域经济的发展也有重大影响。

区域经济是一种综合性的经济发展的地理概念。它反映区域性的资源开发和利用的现状及其问题，尤其是指矿物资源、土地资源、人力资源和生物资源的合理利用程度，主要表现在地区生产力布局的科学性和经济效益上。区域经济的效果，并不单纯反映在经济指标上，还要综合考虑社会总体经济效益和地区性的生态效益。因此，不论是经济增长还是经济发展，都必须落实到一定的区域上面。区域经济发展通常包含两个方面的内容：一是区域内一定时期国民经济总产出的增长。二是区域内一定时期国民经济社会环境的改善。前一个方面既是经济增长问题，属于经济发展量的特征；后一个方面则为社会进步问题，属于区域经济发展质的特征。区域经济增长体现区域经济发展的规模与水平，是实现区域社会进步的重要条件和物质基础，但区域社会进步反过来在一定程度上又制约着区域经济增长的幅度。各区域由于自然条件、经济技术基础的不同，它们的经济发展量的增长是不同的，这也直接决定了区域发展质的改善程度也是不相同的，两方面共同导致区域经济不平衡发展特征的产生。

（三）经济增长

经济增长最普遍的定义，是以固定价格计算的人均收入的某种程度的变化率，它表明一国或地区在一定时间内商品或劳务总量的增长情况及其人均水平。对国民收入的估算始于17世纪末，当时这一工作的目的是想了解这种收入可以征集多少税收，并且希望提供一个在某一时刻国民收入水平及分配静态的描述。格雷戈里·金估计了1688年和1697年英国、法国和荷兰的国民年收入，并且能够估计战争对交战国经济增长的影响。实际上，在很多国家，人们更多的是从广义的角度来定义经济增长的，即采用“最终产品法”计算人均GNP的增长情况。

我们现在所谈的经济增长问题是从工业革命以后才引起关注的。1800年英国的人均产量与公元300年时意大利的人均产量相差无几，19世纪以后，经济持续增长的势头首先在工业化先驱者英国开始出现，继而拓展到美、法、比利时和德国，乃至全世界。对经济增长理论较为系统的论述最早是通过魁奈的经济思想体现出来的。按照他的理论，经济增长是农业剩余产品再投资的一种经济结果，只有农业的发展才能为经济增长创造源泉。随后，斯密以经济增长为中心进行了系统研究，写出了《国民财富的性质和原因的研究》一书。他对影响经济增长的各种因素进行专门研究后指出，除了农业以外，工商业对于剩余产品的生产，进而对经济增长的作用也是巨大的。李嘉图则将研究重点由生产过程转变到了分配过程。他也分析了导致经济增长或衰退的基本因素，并说明了这些因素又是如何影响到工资、利润和地租的相对份额，再回过头来分析了这些因素是如何影响经济增长的轨迹。这些构成了古典经济增长理论的基础。现代西方经济增长理论是建立在西方宏观经济学基础上的，其主要内容包括哈罗德—多马的经济增长理论，这是最早出现的有关经济增长的专门理论。哈罗德、多马创立的经济增长模型显示，经济增长最直接的取决于两个因素：一个是积累率的高低；二是资本产出率的大小，及资本的使用率的高低。其基本公式表示为：$G=s/v$，G为增长率，s为积累率，v为资本与产出率之比。

在哈多模型及其思想的基础上，索洛（Solow）首创了新古典经济增长模型。他的重要贡献之一在于仅仅用资本和劳动投入并不能解释经济增长的全部内容，大部分的产业增长并不是由这两种因素投入带来的，而是由一个外生的、用以解释技术进步的“残值”（residual）决定的。不过，索洛的技术因素是外生的，于是便有了内生化的努力。阿罗提出了学习效应，认为生产经验的增长也是生产过程的一种投入。Uzawa 建立了最早的人力资本模型，将技术进步的部分作用内生化和具体化。这为经济增长及其方式变革理论研究开辟了新的理论空间。

（四）经济发展

经济发展则不仅意味着国民经济规模的扩大，更意味着经济和社会生活素质的提高。所以，经济发展涉及的内容超过了单纯的经济增长，比经济增长更为广泛。

就当代经济而言，发展的含义相当丰富复杂。发展总是与发达、与工业化、与现代化、与增长之间交替使用。一般来说，经济发展包括三层含义：经济量的增长，即一个国家或地区产品和劳务的增加，它构成了经济发展的物质基础；经济结构的改进和优化，即一个国家或地区的技术结构、产业结构、收入分配结构、消费结构以及人口结构等经济结构的变化；经济质量的改善和提高，即一个国家和地区经济效益的提高、经济稳定程度、卫生健康状况的改善、自然环境和生态平衡以及政治、文化和人的现代化进程。经济发展是通过经济结构的改进和优化、经济质量的改善和提高达到经济量的增长。

（五）经济增长趋同

经济趋同这一概念的最原始思想可以追溯到 Veblen（1915）。通过对英国工业革命与德国工业革命的比较分析，Veblen 发现德国工业革命在范围与速度上均超过了英国工业革命。Veblen 认为，作为工业革命时代后来者，德国能够借鉴先进的英国工业技术，而不必输入孕育这些技术的英国社会习俗与思维。换句话说，对工业技术诞生地英国而言，产生、使用和集成这些技术的英国社会习俗与思维制约并决定着这些技术进一步发展的方向、速度、深度与广度。与此不同，德国则可以直接利用这些现成的先进工业技术，从而能够走上一条与技术原产地不同、速度更快、范围更广的德国式工业化道路。因此，工业革命后来者具有比工业革命领袖更快的经济增长速度。

Gerschenkron（1952）继承并丰富了 Veblen 的思想，提出了“后发优势”（Advantage of Backwardness）概念，认为借助从工业领袖国输入先进技术并恰当运用这些技术，通过对人力资本和生产资料的集中动员，不发达国家可以凭借由制造业的高速成长而呈现爆发式、速度与规模均远远超过工业领袖国家的经济增长。

Abramovitz（1986）延续了 Veblen 和 Gerschenkron 的思辨逻辑，认为不发达国家与发达国家的技术差距以及不发达国家一定水平以教育水准和技术熟练程度为核心特征的社会能力，形成了不发达国家拥有比发达国家更高增长速度的潜力。若技术的跨国传播通畅，不发达国家内部生产结构和社会制度的改变不受阻碍，不发达国家有鼓励可持续投资的良好宏观经济环境，那么这种潜力就会得以实现，其经济会以比发达国家更高的速度成长，人均收入水平呈现向发达国家趋同的态势。

与 Veblen、Gerschenkron 和 Abramovitz 等从历史角度进行定性分析的方法有所不同，Solow（1956）的新古典增长模型则从理论模型的高度蕴含了经济增长趋同思想。Solow 的新古典增长模型中使用的生产函数具有边际报酬递减、规模报酬不变、资本和劳动要素投入可以相互替代的特点。

新古典经济增长理论预期：由于要素的边际报酬是递减的，所以从长期来看，任何一个经济体都会达到一个稳定的均衡路径。在趋同的过程中，落后地区的经济由于均有较高资本边际产出，资本就有了从发达地区向不发达地区流动的激励，从而增长速度将比发达地区经济增长的速度快，因而落后地区将赶上发达地区，直到最后达到各自的稳定状态。当经济处于稳定状态时，经济增长率仅仅决定于技术进步率。Solow 模型认为，经济增长的主要动力来自于技术进步，只是在 Solow 模型中技术进步被忽视为外生的技术进步，没有作为内生的变量引入模型。

所谓经济增长趋同是指，对于一个有效经济范围的不同经济单位（国家、地区或者家庭），初期的静态指标人均产出（或人均收入）和其经济增长速度之间存在负相关关系，即落后地区比发达地区具有更高的经济增长率，从而导致各经济单位初期的静态指标差异逐步消失的过程。在有关趋同的研究中，有四种趋同的概念。

1. σ 趋同

σ 趋同可以理解成横截面数据的趋同假说，侧重于研究收入水平或产量水平之间的差距，指的是各国或地区的人均收入水平随时间的推移而趋于减少，一般用国家或地区间的人均收入对数或者产出的标准差来衡量。这一概念最接近于现实中我们对趋同的直观理解。

2. 绝对 β 趋同

该“趋同”的含义是指贫穷的国家或地区往往比富裕的国家或地区有更高的增长率，换句话说，经济增长率和经济发展水平之间存在着负相关；并且，随着时间的推移，所有的国家或地区将趋于相同的人均年收入水平。不过，绝对 β 趋同内含一个严格的条件，该条件假定对于由一些经济体（国家或地区）所组成的群体中，尽管彼此相互隔绝、封闭，但是却具有完全相同的基本经济特征，包括投资率、人口增长率、资本折旧率和生产函数，从而也具有完全相同的增长路径和均衡稳态。在这样一个特征完全相同的群体中，某个经济体的经济增长率与其离稳态的距离成反比。

3. 条件β趋同

条件β趋同放弃了各个经济体具有完全相同的基本经济特征的假定，从而意味着不同的经济体也具有不同的稳态。按照新古典增长理论，每个经济体都趋同于自身的稳态，离自身的稳态越远，其增长速度也越快。由于许多的外生变量对不同的经济体产生了不同的作用，不同的经济体也就具有异质的基本特征，亦即不同的增长路径和稳态，所以，条件β趋同所考察的是，如果外生变量保持不变，初始收入水平和增长率是否呈负相关。

4. 俱乐部趋同（club convergence）

俱乐部趋同（有的翻译成“群体趋同”），又称极化趋同（polarization）或聚类趋同（clustering），指如果一些经济体具有类似的结构特征（如具有相同的人力资本、市场开放度、政府政策、人口增长率等），并且具有相似的初始条件，那么这些经济体的人均收入水平在长期内存在增长趋同趋势，即较穷的国家（地区）集团和较富的国家（地区）集团各自内部存在着条件趋同，而两个集团之间却没有趋同的迹象（富者恒富，穷者恒穷）。人们根据各国经济增长的截面数据进行聚类分析，将那些基本经济特征和初始条件类似的国家划分在一个样本或群体中，比如，OECD国家或非洲撒哈拉沙漠地区的国家，以此描述它们的群体趋同特征。

俱乐部趋同分为时间俱乐部趋同、空间俱乐部趋同和时空耦合俱乐部趋同，本研究主要研究的是空间俱乐部趋同。所谓空间俱乐部趋同，就是指经济增长的初始条件和结构特征相似且空间上一阶相邻的一组区域的经济增长收敛于相同的稳态，相应的这组区域就共同构成了一个空间趋同俱乐部。

从空间俱乐部趋同的概念可以很明显地看出，空间俱乐部趋同并不具有“遍在性”，区域经济增长的空间异质性和相关性是空间俱乐部趋同形成的前提。正是由于空间趋同俱乐部不具备“遍在性”，所以，本研究认为，导致空间俱乐部趋同的影响因子不可能是一般性影响因子作用的结果，若仅是一般性影响因子的作用所形成的趋同俱乐部，这样的趋同俱乐部显然具有“遍在性”。因此，本研究推测，导致空间俱乐部趋同的影响因子有可能主要是地方因子和具有地方效应的全局因子共同作用的结果。而且，对于不同的空间趋同俱乐部，地方因子和具有地方效应的全局因子在构成上及各个因子的作用强度上也不是完全相同的。基于这个认识，本研究以中原经济区为研究对象，重点探讨中原经济区空间趋同俱乐部的影响因子及其形成和演变机制。

目前，国内外关于俱乐部趋同的研究文献大多集中在有关俱乐部趋同的概念、俱乐部趋同的识别、俱乐部趋同检验以及导致俱乐部趋同的形成机制上面。在现有的趋同研究文献中，涉及空间俱乐部趋同的文献为数不多，更缺乏对空间俱乐部趋同影响因子的研究。从现有的研究文献来看，国外的一些学者只是利用人均 GDP、GDP 的增长率或者其他单个的影响因子对空间俱乐部趋同进行研究，其研究结果显然带有很大的片面性，因为空间俱乐部趋同绝不是只受某一影响因子作用的结果，而是所有影响因子耦合作用的产物。因此，这种片面性的研究结果，其解释力度有限，对我国经济发达地区的空间趋同俱乐部和欠发达区域、贫穷区域以及衰退区域的空间趋同俱乐部不能进行分类指导，提供全面科学的政策性建议。

二、理论基础

20 世纪 60 年代以来，世界上各国的经济发展实践表明：各国间的经济增长速度存在着很大差异，一些经济最发达国家的年平均增长率达到 2%，而一些经济不发达国家的经济增长率几乎接近零；在各国经济发展过程中，虽然有些国家的贫富差别没有得到改善，但也存在许多发展中国家（或地区）的经济快速增长的现象，如亚洲“四小龙”及海湾国家等。如何解释 1960 年以来的各国经济增长的事实已成为经济增长理论需要解答的一个主要问题。20 世纪 90 年代至今，占据经济增长理论主流地位的主要是 Solow 开拓的新古典经济增长理论和以内生经济增长为代表的新经济增长理论两部分，两者对于各国经济增长的差异与趋同给予了不同的解释。新古典经济增长理论认为是各国人均产出或者人均资本的差异导致了各国经济增长率之间的差异，随着时间的推移，各国经济增长率间的差异有可能消失，并进一步提出了人均产出较低的国家或地区具有较高的经济增长率的趋同假说。而新经济增长理论则认为主要是各国技术进步的差异导致了各国经济增长率的高低，与人均产出差异没有必然的联系，各国经济增长率的差异不一定能随着时间的推移而消失（但并不否认存在趋同的新现象及可能性）。于是从理论上来解释趋同的成立与否，就不仅成为判断经济增长理论合理性的重要标准，而且对如何制定适当促进经济增长的政策也具有重要的参考意义。由于新古典经济增长理论框架下所建立的模型必须满足区域同质性假设条件，然而在现实经济世界中完全同质的一组区域是不存在的。因此，在经验研究中只能寻求近似满足该条件的区域。但是，新经济地理学理论提示异质性区域之间仍存在缩小区域经济差距的可能性，即存在趋同过程。

自克鲁格曼（Krugman）将空间概念引入迪克希特－斯蒂格利茨

（Dixit）的垄断竞争一般均衡框架中之后，就完成了新经济地理学（New Economic Geography）的开山之作，自“核心 - 边缘”（core-periphery）模型提出以来，对于空间经济的研究得以进入主流经济学的视野，并随着藤田（Fu-jita）、鲍德温（Baldwin）等对理论的进一步完善，标志着新经济地理学理论框架初步形成。

改革开放前，我国区域经济发展受平衡发展理论的影响和支配，强调生产力的平衡布局及资源、资金投入上的平均主义。改革开放初期，我国区域发展战略开始双重转轨，并重新讨论了社会主义生产布局原则体系，把效率原则或效率目标放在优先地位，形成一种非均衡发展观。之后，在非均衡发展观影响下，理论界对我国宏观区域发展战略理论模式进行了讨论，基本上是以三大地带为框架来研究投资的地区倾斜和重点开发地区在时序上的选择，主要理论有梯度理论、增长极理论、点轴开发理论和核心—外围理论等。随着 21 世纪全球化、信息化时代的到来，城市逐步从封闭、分散走向开放、联合，城市形态也从点的城市、面的城市走向区域城市，这些新的区域发展背景给区域发展研究注入了新的活力，形成了一些新的理念，如经济、社会、文化、环境综合发展理论、城乡一体化理论、可持续发展理论等（魏后凯，1990）。

（一）新古典经济增长理论

新古典经济增长理论是在 20 世纪 50 年代中期，由美国的经济学家罗伯特·索洛（Robert M. Solow）以及英国经济学家斯旺（Swan）创立。新古典经济增长理论的重要假设，就是生产函数具有规模报酬不变和资本边际报酬递减，生产规模相对较小的经济体具有较高的边际生产率，这些生产规模相对较小的经济体将赶上那些经济规模大、生产相对发达的经济体，最终达到共同富裕。由此可以看出，新古典经济增长理论是建立在市场结构处于完全竞争这一条件之下，造成区域的贫穷或富裕，是由该区域的技术水平、自然资源禀赋、要素禀赋和要素密度等影响因素确定，经济活动的总体分布由区域环境给定的禀赋确定，产业间专业化水平的高低，是导致产业区位选择一个很重要的影响因素，其贸易结构完全是产业间贸易，贸易自由化的福利效应使所有区域均有利可图，要素缺乏的区域则失去优势。

新古典经济增长理论的假设，意味着贫穷区域的经济增长要快于富裕地区的经济增长，从长远来看，贫穷区域的人均收入可以赶上富裕区域的人均收入。一般认为，对于经济高发区在空间上集聚的理解可以从两个方面进行，一是从收入水平的角度来理解。如果区域的偏好和技术水平都相似，那么，它们的稳态收入水平相同，而且随着时间的推移，它们将达到相同的人均收入水平，最终达到共同富裕。二是从增长率的角度来理解，在 Solow 模型中稳态的增长率是由外生的技术条件决定，由于新古典经济学增长理论是建立在完全竞争条件之下的，即任何区域都可以自由享受新的技术成果，那么，所有的区域将最终达到相同的稳态增长率。

（二）新（内生）增长理论

传统的新古典经济增长理论无法解释近年来持续的经济增长，而新增长理论在标准的新古典模型中加入了新的变量，这些变量寻求因素的内生累积，如，地方化的学习积累和知识积累等，这就使得经济一体化有可能对于长期增长率的提高有贡献，因为经济一体化可以促进那些报酬不减小的资本形式的累积。同时也可能产生国家或者区域趋同于不同的长期均衡的现象。在区域之间的知识溢出比较微弱的情形下，区域之间不可能像无条件趋同那样收敛于同一个稳态，但是，具有相似经济增长初始条件和结构特征的区域可能收敛于同一稳态，而这些条件差异较大的区域之间的趋同是几乎不存在的（Martin，2001）。正如 Baumont 等（2003）指出的那样，俱乐部趋同的概念是以内生增长模型为基础的，内生增长模型的特点就是多个地方性稳态存在的可能性，经济体将达到的这些不同的稳态依赖于其初始条件属于哪一个范围。Rey（2001）提出一个允许人力资本外溢形式的跨经济体相互作用的模型，其基本的思想是，如果通过人力资本外溢的经济互动，而且如果互动的经济体变为群，那么，在群内外溢效应将比群之间的外溢效应更加强大。即群内趋同，但是，群之间趋异。

另一方面，在内生增长模型里，技术进步被认为是由增长过程决定的，区域收入差异的演化依赖于技术进步的假设。如果进一步假设技术进步在地理空间的迅速扩散，那么，可以认为在任何一个特定区域的技术进步依赖于它本身的技术水平落后于最先进区域的技术水平的程度。因此，低技术水平的区域将经历单位劳动力产出的最快增长，这就意味着区域收入趋同的发生。然而，几乎没有经验研究证实技术的空间扩散如同新古典模型里的假设一样是迅速的。众所周知，一定的区域表现为创新的领导者，它们是基本创新的来源，而且在把创新转化为新的产品和服务，或者开发现有产品的更有效率的生产方式等方面也是领导者。技术扩散在那些地理位置上邻近的区域之间更容易发生，地理位置上相距较远的区域之间由于交易成本的上升，往往无法得到同等的技术扩散水平。因此，技术扩散在地理空间的局部性大大降低了所有区域收敛于同一稳态的可能，但提高了多个稳态存在的可能性，也就是说技术扩散的地理空间局部性很可能会产生不同的趋同俱乐部。

20 世纪 80 年代中后期，经济学界掀起了新一轮对经济增长理论探讨热潮，提出的背景主要是针对新古典经济增长理论所无法解释的经济长期增长以及不同国家的人均收入存在巨大差异的现实问题。20 世纪 80 年代中期，以罗默（Romer. p）和卢卡斯（Lucas. R）为首的一批经济学家，摒弃了新古典增长理论的核心假设，提出了一套全新的经济增长与发展的思想，称为新增长理论（new growth theory）。新增长理论含有很多新的经济增长模型，不同模型研究的结果导致了经济高发区在空间上的集聚类型不同，其影响因素也不尽相同。但是，不论是哪一种模型均认为技术条件和知识创新均是内生的，是厂商为追求高额垄断利润的结果，因此，新增长理论又称内生增长理论或者内生技术增长理论。新（内生）增长理论的核心模型主要有：

1. AK 模型

生产函数的关系式为 Y = AK，A 是反映一定技术水平的常数，K 代表资本。从表面上看，产出与资本存量呈正相关，这似乎不太恰当，如果将 K 视为包括人力资本、知识和公共设施在内的广义资本就显得较为合理，其单位产量为 Y = AK，它揭示了产出与资本存量的线性递增关系，从而否决了资本收益递减的假定。因此，各国的经济增长从长期来看不会出现趋同现象。但从生产函数表达式的内涵来看，影响经济增长的人力资本、专业技术等影响因子均具有很强的外溢性，特别是随着掌握有高新技术的专业技术人员在区际流动，可能把相关的高新技术传授给相邻的区域或者距离较远的区域，随着技术推广，从而在不同的区域上形成了新的增长极，将会产生不同水平的空间集聚，相同类别的空间集聚是同质的，而不同组别之间则是异质的。

2. 知识的外部效应与“知识溢出”模型

罗默（Romero）在其代表性论文《收益递增与长期增长》中指出，除考虑经济增长的两个影响因素——劳动与资本外，还应加进第三个影响因素——知识。罗默（Romer）认为，首先，知识能提高投资收益，因而会带来一国长期收益的增长；知识也是生产要素，经济要增长必然要在知识上面进行投资。其次，知识具有外部效应或溢出效应。技术进步、知识积累是其经济活动的副产品，知识的运用具有共享性即非竞争性，这是导致收益递增的关键所在。

从罗默（Romero）对知识的外部效应与“知识溢出”（spillover effect）模型的认知来看，知识和技术这两个影响因子具有很强的溢出效应，要素投入产生外部性，其边际收益呈递增趋势，从而保证一国或一国内的某些区域的经济可以长时间增长。进一步讲，若某些国家或区域在空间位置上相邻，在生产上相互联系，这些区域存在畅通的知识和技术传播渠道，经过知识和技术的相互模仿与渗透，这些国家或区域不仅技术水平渐趋一致，而且管理与运作经济系统的社会能力也渐趋一致，这就会产生跨国增长，那么，这些区域则会呈现出向同一均衡状态绝对趋同的态势，从而产生不同类别的经济高增长区的集聚。

（三）新经济地理学理论

新经济地理理论是随着克鲁格曼的规模报酬递增的区域之间均衡模型而发展起来的。该理论的目的就是解释企业的区位行为和它们的集聚过程，它们把区域经济增长差异归因于由特色经济活动的空间集聚、外部经济以及内部效应，如地方特色专业化的产生（熟练劳动力的积累、知识的地方扩散，供给与服务的专业化等）等，所产生的局部收益递增。

新经济地理学中的一个重要概念就是地理溢出，地理溢出是指由一些已经定位的企业产生的积极的知识外部效应，并影响了定位于其他地方企业的生产过程（Baumont et al，2003）。Baumont 等（2001）及 Rumayya 等（2005）的研究均表明地理溢出在地理和增长的相互关系中扮演了一个重要角色。他们运用地理溢出对一个完整的区域空间进行分析后均得到了如下结论：一是由于经济活动在空间是不均衡分布的，因此，就产生了倾向于集中在几个少数区域累积的集聚过程。二是由于经济增长是被经济活动的地理集中而激励的，因此，就可以观察到不均衡发展的模式。三是包含在累积集聚过程中的影子效应和地理溢出的空间范围能够解释为什么富裕和贫穷区域是或不是规则分布的。影子效应意味着集中在某一区域的累积过程使得其周围地区的经济活动不存在了。作为一个结果，如果地理溢出是全局的和规则分布的，那么区域相互间能够更加接近。四是由于历史在整个初始条件中都有影响，以及增长和集聚过程具有的累积本质，那么观测到的富裕和贫穷地区的地理分布在时间方面将是相当稳定的。

地理溢出又分为局部的和全局的概念，Ottaviano 和 Martin（1999）及 Baumont 等（2003）的研究均发现，全局的地理溢出并不会导致区域经济增长出现空间分异，这主要因为全局地理溢出意味着一个区域里的知识积累提高了所有企业的生产率，而不管这些企业位于何处，因此，全局的地理溢出效应不能强化集聚过程并对增长趋同有贡献。但是，局部的地理溢出则意味着定位于某一区域的企业的生产过程仅仅得益于该区域的知识积累，在这种情形下就产生了经济活动和区域经济增长的不均衡空间分布，正如新经济地理的模型一样，集聚和区域经济差异的日益扩大联系在了一起。伴随着集聚程度的提高，增长加快了，因此，产生了区域经济增长的趋异，进而有可能产生俱乐部趋同（Bräuninger and Niebuhr，2005）。新经济地理学理论的内容主要集中在以下几个方面：

1. 空间集聚

新经济地理学理论是随着克鲁格曼的规模报酬递增的区域之间均衡模型而发展起来的。该理论的目的就是解释企业的区位行为和它们的集聚过程，它们把区域经济增长差异归因于特色经济活动的空间集聚、外部经济以及内部效应等产生的局部收益递增。该理论认为，导致经济空间集聚的影响因子主要有区位条件、运输费用、完善的基础设施，熟练的专业技术劳动力、专业化的服务与供给等。正是在集聚力（各种影响因子耦合）的作用下，形成了周围地区的人力、物力、财力和部分企业集团为追求高额的单位报酬而向区域集聚，这就会在不同的地区形成较多类似的增长极，正是在这些增长极的作用下，带动了增长极周边的地区协同发展，从而形成了相同增长水平或者收入水平不等的各类经济高发区的集聚。

2. 空间外部性和空间外溢

随着增长极的规模不断扩大，由量的变化必然引起质的飞跃。新经济地理学理论中一个重要概念就是地理溢出，地理溢出是指由一些已经定位的企业产生的积极的知识外部效应，影响了定位于其它地方企业的生产过程。Baumont 等（2003）及 Rumayya 等（2005）的研究均表明空间外溢在空间和增长的相互关系中扮演了重要角色。空间溢出分为局部溢出和全局溢出，Baumont 等（2003）的研究均发现，全局的空间溢出并不会导致区域经济增长出现空间分异，这主要因为全局的空间溢出意味着一个区域里的知识积累提高了所有企业的生产率，而不管这些企业位于何处，因此，全局的空间溢出效应不能强化集聚过程并对绝对趋同有贡献，但是，局部的空间溢出意味着定位于某一区域企业的生产过程仅仅得益于该区域的知识积累，在这种情形下就产生了经济活动和区域增长的不均衡空间分布，正如在新经济地理学理论中的模型一样，集聚和区域经济差异的日益扩大联系在一起。伴随着集聚程度的不断提高，增长加快了，因此，产生了区域经济增长的趋异，进而有可能产生经济发展水平不等的空间集聚区域。从空间外溢的定义以及空间外溢的分类来看，导致空间外溢的影响因子主要是集聚区域的裂变力，其中加快裂变速度的主要影响指标是集聚区过高的工资水平，使得一些企业的利润下降，企业为了获得更高的收益转而迁移至周围工资水平和运输成本较低的区域生产，正是由于这部分企业的外移，很容易把所拥有的知识和专业技术传授给新的区域。在这种裂变力的作用下，使得周围其他区域的专业技术水平和知识水平相互趋近，从而带动这些地区经济的快速发展，这些区域经济发展水平较低，具有相同的初始水平和结构特征，随着专业技术和知识水平的不断提高将形成多个种类不同的经济高发区。从上述分析不难看出，经济高发区在空间上集聚产生的主要原因是空间局部外溢的结果。

3. 核心——边缘模型

美国城市与规划学者约翰．弗里德曼（John Friedmann）在其《区域发展政策》（1996）中提出了“核心——外围理论”的基本思想，并在《极化发展的一般理论》（1972）中对其做了进一步的发展。弗里德曼指出，发展来源于相对很少的“核心区”，创新经由这几个核心区扩散到具有低一些潜在相互作用的地区。“核心区”是主要创新变革中心，其余所有地区都构成“外围区”，它们依赖核心区，其发展取决于核心区的制度。核心区往往是通过支配效应、信息效应、心理效应、现代化效应、联动效应和生产效应6种主要反馈效应而巩固其对外围区的支配地位。创新从核心区到外围区的扩散，会使得核心区的增长促进相关空间系统的发展。然而，当核心区与外围区之间紧张关系加剧并最终阻滞核心区的发展时，只有加速核心区的扩展效应，并削减外围区对核心区的依赖才能得以缓解。

按照一般的推断，边缘地区与经济发达的核心区相比，工资水平较低，当其他条件不变时，企业在边缘区投资可以获得更多的利润。也许正因为存在这种可能性，均衡经济学派认为，市场机制是缩小地区差异的最佳方法（张文忠，2003）。事实上，在规模经济条件下，当收入递增对制造业部门发挥作用时，生产区位一般具有在少数几个地区集中化的倾向。原因在于企业生产所需的原材料、燃料、零配件等的购入，以及企业生产的产品向市场销售均需要运输费用，如果相关企业在地理空间上相互接近、集中生产，企业可以获得规模经济，从而形成经济增长的核心。据此，本研究认为影响经济增长核心形成的影响因子主要是收入水平和规模经济。

集聚力虽然是推动地区经济发展的一个动力，但同时与空间距离有关的运输费用也会影响企业的区位选择，进而作用于地区经济发展（张文忠，2003）。例如，企业在“核心”投资，优点在于接近市场，但缺点是工资费用高，如果在“边缘”区投资情况恰好相反。影响企业向“边缘”投资的影响因素主要有工资水平、规模经济以及运输成本。当运输成本较低，企业有可能从“核心”迁向“边缘”，但这仅仅只是一种可能。事实上，在单位运输成本的节省、工资较低的差距大于规模经济的所带来的利润时，相信绝大多数企业为追求低下的生产费用而在“边缘”区投资生产。

总之，弗里德曼的理论涉及所有的空间，尤其是把文化和政治过程纳入到经济发展过程之中，并把各具体地区的变量看成是一个更大系统的组成部分，而不是一种孤立的现象（李仁贵，2005）。

（四）均衡增长理论

均衡是新古典经济学的基本观点，均衡增长理论认为在各个部门和产业应当同时投资推进经济发展，区域的长期增长来源于资本、劳动和技术进步三个要素，在固定规模报酬和市场机制下，区域发展的差异不会持久（丁焕峰，2005）。均衡增长理论为发展中国家迅速摆脱贫穷落后的困境、实现工业化和经济增长提供了一种发展模式，对一些发展中国家的实际经济发展产生了一定的影响。然而，均衡增长过分依赖于计划和国家干预，而忽视了政府失灵的可能性，一旦计划失误，大规模投资所造成的损失往往是灾难性的；更为重要的是，这种模式限制了市场体系的发育和发展，其直接后果是导致经济效益的损失。

（五）非均衡增长理论

非均衡增长理论认为财政支出的增长并不是均衡、同一速度向前发展的，而是在不断稳定增长的过程中，由于社会激变（如战争等）的出现，不时出现一种跳跃式的发展过程。这种非均衡增长是在一个较长时期内进行的，在这一时期内稳定增长和突发性增长是交替进行的。美国经济学家鲍莫尔通过分析公共部门平均劳动生产率的状况对公共支出增长原因做出解释，他将国民经济部门区分为生产率不断提高和生产率提高缓慢两大类别，前者被称为进步部门，后者被称为非进步部门。两个部门的差异来自技术和劳动发挥的作用不同，在进步部门，技术起着决定作用；在非进步部门，劳动起着决定作用。假设两个部门工资水平相同，且工资随着劳动生产率提高而上升。由于劳动密集的公共部门是非进步部门，而该部门的工资率与进步部门的工资率呈同方向等速度变化，因此，在其他因素不变的情况下，生产率偏低的公共部门的规模会随着进步部门工资的增长而增长，换言之，政府部门的投资效率偏低导致政府支出规模不断扩大。佩鲁（Perroux）的增长极理论、缪尔达尔（Myrdal）和卡尔多（Kaldor）的循环因果积累原理、赫希曼（A. Q. Hirschman）的联系理论均强调，在市场的作用下，区域发展之间的差距不会缩小反而会扩大，因为规模经济和集聚经济所产生的“极化效应”“反吸效应”和“规模递增”，将使资本、劳动和产出在一定区域循环积累，而其所产生的“涓滴效应”或“扩散效应”以及政府的转移支付只能将区域差异保持在一定限度而不足以促进区域收敛（丁焕峰，2005）。

（六）梯度理论

梯度理论概念是夏禹龙、冯之浚在《梯度理论与区域经济》一文中提出的，何钟秀在《论国内技术的梯度推移》中概括为“国内技术转移的梯度推移规律”。梯度理论认为，我国经济发展在空间上已形成了一种梯度，有的地区先进，有的地区落后，有的地区介于其间。梯度理论主张通过非均衡发展途径实现平衡发展。我国梯度理论是以三大地带为地域单元，以综合技术水平为指标来划分技术的地域梯度，东部技术水平高于中西部，但中西部的某些单项水平可能要高于东部，甚至西部某些省区、城市的综合技术水平也要高于沿海某些省区、城市。梯度理论中对地域梯度的划分是十分粗略的，国内梯度推移只是技术空间转移、扩散的一种主要形式，而并非是一条规律。国内技术的空间转移具有多种形式，既有纵向的梯度推移和反梯度转移或跨梯度转移，也有横向的水平转移即技术水平接近的地区间的技术转移。这两种形式都遵守着节约社会必要劳动时间的规律。但是，梯度理论的论点，无论在理论上和实践上目前都缺乏较有力的证据。对技术发展史的研究表明，随着历史的进展，技术转移扩散的总趋势呈现出一种加速运动状态。然而，大量的研究资料也同时表明，这种加速的技术转移绝大部分是在发达国家或地区之间进行的。这就是说，随着经济的发展，技术转移将会加速，但这并非能充分保证技术转移的绝大部分在发达地区与落后地区之间按梯度方向进行，即使技术转移全部按梯度方向进行，地区间的差距也并非就一定会缩小，如果技术梯度转移等产生的扩散效应在力量上弱于政策与市场双重作用产生的极化效应，地区间的差距将不是缩小而是扩大。

总之，梯度理论提出了一些有益的思想，但也在许多方面存在着缺陷。如果把这一不成熟的理论由最初的技术梯度简单地类推到投资开发梯度、开放梯度和改革梯度上来，必然会产生一系列的新问题（魏后凯，1990）。

（七）后发优势理论

美国经济史学家亚历山大·格申克龙（Alexander Gerchenkron，1904—1978）在总结德国、意大利等国经济追赶成功经验的基础上，于1962年创立了“后发优势理论”。所谓“后发优势”，也常常被称作“落后得益”“落后的优势”“落后的有利性”等。

后发优势理论最初多用于分析后起国家如何通过借鉴先进国家的制度，引进资金、技术和设备，变后发为优势的发展途径。随后又在后发优势理论基础上进一步发展形成的“追赶假说”，“蛙跳”模型，都指出后发国家具有技术性后发优势，并讨论了后发优势“潜在”与“现实”的问题。

“后发优势”指落后地区利用与发达地区在收入水平、技术发展水平、产业结构水平上的差距，通过引进加速自己的技术升级，从而使经济发展得更快。北京大学林毅夫教授认为，半个世纪来，在东亚地区崛起了一批新兴工业化的经济体，首先是日本，然后是“亚洲四小龙”和改革后的中国。这些国家和地区的经济有活力，发展速度快，得益于一个共同因素，就是都较好地利用了后发优势，以小步快跑的方式进行产业和技术升级，而使经济取得持续快速增长。因此，如果正确、充分地利用后发优势，一定会加快经济的快速发展（李明山等，2006）。我国学者结合中国现实，提出了“后发优势驱动假说”，指出后发地区通过引进、模仿、学习（包括技术和制度两方面），可获得后发利益（late-developing advantage），从而具有后发优势。由于其学习成本（learning coast）大大低于创新成本，使后发优势（包括技术性后发优势和制度性后发优势）不小于先发优势。这种由后发利益而具有的后发优势是后发地区高速增长的主要动因。

相关理论分析表明，作为后发地区存在着有别于先发地区的方式或途径来达到与先发地区同样发展水平或状态的可能性，即后发地区也存在着因其相对落后所拥有的特殊利益。这种益处既不是先发地区所能拥有的，也不是后发地区通过自身努力创造的，而完全是与其经济的相对落后性共生的，这种特殊利益既有技术性的，也有制度性的。但是，这种后发优势是潜在的而不是现实的，只有通过自身努力、创造条件、才能使潜在变为现实。

中原经济区在实现经济增长、跨越发展的过程中，要结合现实，创造条件，通过引进、模仿、学习充分发挥技术性和制度性的后发优势，从而实现地区经济高速增长。

土地资源优势、人才储备机会、全球和国内产业结构调整机遇、国家对“三农”问题的重视以及对区域协调发展之关注等内外部的环境因素，都是中原经济区目前具有的潜在优势，可以结合后发优势理论，适时地把潜在优势转化为现实优势。

（八）包容性增长理论

胡锦涛总书记在亚太经合组织人力资源、开发部长级会议上，发表了“实现包容性增长”的重要讲话，引起了普遍关注。胡锦涛总书记说：“实现包容性增长，根本目的是让经济全球化和经济发展成果惠及所有国家和地区、惠及所有人群，在可持续发展中实现经济社会协调发展。中国是包容性增长的积极倡导者，更是包容性增长的积极实践者。中国强调推动科学发展、促进社会和谐本身就具有包容性增长的含义。”他在会议上提出四项建议：一是优先开发人力资源；二是实施充分就业的发展战略；三是提高劳动者素质和能力；四是构建可持续发展的社会保障体系。他强调，“我们应该坚持社会公平正义，着力促进人人平等获得发展机会，逐步建立以权力公平、机会公平、规则公平、分配公平为主要内容的社会公平保障体系，不断消除人民参与经济发展、分享经济发展成果方面的障碍”。

“包容性增长”指在保证经济快速增长的同时，要使增长具有可持续性、协调性，要更多的关注社会领域的发展，这种增长不是单纯的经济增长，而是考虑到其他方面，尤其是社会领域，使更多的老百姓能够享受到这种发展的成果。“包容性增长”是和谐增长、科学增长，是对低收入人群有利的增长，其财富分配是公平的，不能造成贫富差异，大家都能在发展中获得利益。

中原经济区社会经济发展强调“包容性增长”，首先要强调以经济建设为中心，努力保持适度的经济增长速度。我们目前所面临的主要矛盾是人民日益增长的美好生活需要和不平衡不充分的发展之间的矛盾。我们只有继续保持一定的经济增长速度，不断把“蛋糕”做大，进而夯实“包容”的物质基础。否则，不同阶层之间的物质利益矛盾很难真正调和，社会和谐也将成为“空中楼阁”。其次，经济增长必须重视区域平衡和民族平等。只有真正实现了区域协调平衡发展，民族团结才能有坚实的经济基础。同时，各民族之间也必须相互认同，努力谋求民族和解与民族共荣，唯有如此，社会才能和谐稳定，经济发展才能获得良好的社会环境。第三，构建合理的劳资合作关系，建设社会主义市场经济条件下的新型社会伙伴关系。劳资关系是现代经济发展过程中客观存在的“产业关系”，劳资相互依存。劳资矛盾是市场经济条件下客观存在的“利益矛盾”。因此，要实现包容性增长就必须挣脱旧的“阶级斗争”的思维模式，健全政府、工会和雇主组织三方协调机制，努力寻求劳资合作的共同利益，进一步形成共存共荣的劳资伙伴关系。第四，要以民生建设为重点，努力让全体公民享有经济发展成果的权利。政府要加大对民生事业的投入，充分供应包括教育、卫生、电力、水利、交通基础设施、住房、人身安全等在内的公共产品，尽可能地使全社会所有成员能够平等分享经济发展成果。唯有如此，人们才能认同经济发展，并把自身置身于我国全面建设小康社会的伟大事业。最后，要坚持“人与自然的和谐统一”，努力建设生态文明（韩宝江，2010）。在政策层面，以“包容性增长”为中心的发展战略包括三个相辅相成的支柱：一个是通过高速、有效以及可持续的经济增长最大限度地创造就业与发展机会；二是确保人们能够平等地获得机会，提倡公平参与；三是确保人们能得到最低限度的经济福利。

三、文献综述

从现有国内外专家学者的研究文献不难看出，俱乐部趋同假说的发展，经历了两个阶段，传统的趋同假说阶段和空间拓展阶段。传统的趋同假说阶段，按照出现的先后顺序，趋同研究开始于绝对趋同研究，然后转向条件趋同研究，之后 σ 趋同概念产生，同时出现的还有俱乐部趋同的概念、全要素趋同的概念和时间序列趋同的概念。

20 世纪 90 年代中期以来，随着人们对区域经济增长时间特征和空间特征研究的日益深入，俱乐部趋同被提出并逐步成为趋同研究的热点问题，涌现出大量的研究文献。俱乐部趋同之所以能够受到学者们的关注，一个较为重要的原因就在于俱乐部趋同具有同一类型的区域组内趋同，而不同类型的区域组间趋异的特点，能够很好地解释区域经济增长总体上趋异、局部趋同的现象。截止到目前，众多学者对俱乐部趋同的研究还处在俱乐部趋同假说的检验阶段，即绝大多数文献所做的工作仅仅停留在检验是否存在俱乐部趋同现象，而对于趋同俱乐部的形成、演进机制以及影响因素的研究相对较为匮乏。此外，对如何界定俱乐部趋同，以及绝大多数研究文献忽视检验俱乐部趋同假说的实证方法是建立何种理论基础之上的研究，还远远不够。因此，对俱乐部趋同的研究实际上是一个处于刚刚起步阶段的亟须加强的领域。为此，本研究将从俱乐部趋同的相关概念、俱乐部趋同识别、俱乐部趋同检验、俱乐部趋同的影响因子及俱乐部趋同的形成机制等方面研究入手，对俱乐部趋同进行述评。

（一）相关概念研究

Barro 和 Sala-I-Martin（1991）提出俱乐部趋同的概念已经过去了二十多年的时间。在这二十多年的时间里，学术界研究俱乐部趋同的方法从经典的横截面回归发展到面板单位根检验、收入分布演进、马尔可夫链发展到近年来的空间计量。研究的视角也从起初的不考虑区域间相互关系，发展到重视区域间相互影响。本研究将未考虑区域间相互关系（即空间效应）的俱乐部趋同概念统一归为时间维度的俱乐部趋同概念，将空间效应的俱乐部趋同概念统一归为空间维度的俱乐部趋同概念。这样，就将现有文献中的各种俱乐部趋同概念划分为两大类，即时间维度的俱乐部趋同概念和空间维度的俱乐部趋同概念。目前，国内外文献中采用较多的主要有 Barro 和 Sala-I-Martin（1991）、Chatterji（1992）、Galor（1996）等的时间维度的俱乐部趋同概念，以及 Quah（1993a，1996a，1996b，1997）和 Baumont 等（2003）的空间维度的俱乐部趋同概念。

1. 时间俱乐部趋同概念研究

Barro 和 Sala-I-Martin（1991）给出了经典的俱乐部趋同概念，他们认为所谓的俱乐部趋同是指在经济增长的初始条件和结构特征等方面都相似的区域之间发生的相互趋同（converge to one another）。这一俱乐部趋同概念实际上就是把俱乐部趋同看作是具有经济增长初始条件和结构特征等方面相似的经济体构成的区域组内的绝对 β 趋同。在这一概念的界定下，对俱乐部趋同的检验采用的是传统计量经济中的截面回归方法，即考察同一区域组内是否存在初始人均收入与增长率之间的负向关系，如果存在，那么这一区域组内的各经济体之间就存在着俱乐部趋同现象。反之，则不存在俱乐部趋同。此后，有关俱乐部趋同研究的大量文献均沿用了这一概念。

Barro 和 Sala-I-Martin（1991）的俱乐部趋同经典定义是基于横截面趋同概念之上的。然而，如果经济体表现出多个长期均衡，横截面检验趋向于可疑地拒绝没有趋同的原假设（Bernard and Durlauf，1996）。此时，就要用到一个新的趋同概念，即随机趋同，从时间序列的角度来考察趋同性。Carlino 和 Mills（1993）较早提出了随机趋同的概念。他们认为，如果人均收入的差异遵循一个平稳过程，那么，区域之间就存在一个随机的趋同过程。Chatterji（1992）、Galor（1996）等利用随机趋同的概念给俱乐部趋同下了新的定义。Chatterji（1992）认为，一个趋同俱乐部就是一系列在长期趋向于具有等价人均收入的同一个均衡状态的区域组。Galor（1996）认为，俱乐部趋同是指初始时期经济发展水平接近的区域组各自内部的不同经济体之间，在具有相似结构特征的条件下，从长期来看趋同，即较穷的区域组和较富的区域组各自内部存在着趋同，而两个区域组之间却存在分异的现象。事实上，Chatterji（1992）及 Galor（1996）等是在 Barro 和 Sala-I-Martin（1991）的俱乐部趋同的概念中加入了时间限定，即俱乐部趋同是从长期来看的趋同，也就是从时间序列分析的角度进行检验的趋同。Hobijn 和 Franses（2000）提出了渐进完全俱乐部趋同和渐进相对俱乐部趋同的概念。他们认为，当两组最终相互趋同时，其人均收入差序列的均值为 0，然而，虽然欠发达区域组在向发达区域组趋近，但往往不能完全赶上。也就是说，二者人均收入差值的均值可能会在某点后变为一个常量，为了区分这两种情形，他们又提出了渐进完全俱乐部趋同和渐进相对俱乐部趋同的概念。近年来，从时间序列角度来定义的俱乐部趋同概念，在国外的大量文献中得到了运用，如，Alexiadis 和 Tomkins（2004）、Siano 和 D'Uva（2004，2006，2007）等。

2. 空间俱乐部趋同概念研究

时间俱乐部趋同的概念是将研究区域的发展过程视为“孤岛”的前提下产生的，也就是说忽视了空间效应在俱乐部趋同中的作用。这一点受到了 Quah（1993）以及近年来空间计量经济学者的批判。但是，空间维度的俱乐部趋同并没有认可程度较高的概念表述，多数学者只是提到了空间俱乐部趋同这个说法，并没有给出其具体概念。

Quah（1993，1996，1997）利用增长分布演进方法发现了人均收入动态分布的一条显著的经验规律，即“双峰模式”。他认为，由于不同区域之间的相互作用强度是不同的，因此，使得某些组内的区域逐步走向趋同，而不同组间的区域逐渐趋异，处于中间层次的区域不断减少，出现了俱乐部趋同的现象。

Baumont 等（2003）认为，俱乐部趋同应该明确地考虑潜在的地理效应，即俱乐部趋同应该是空间上的概念。Dall’erba（2005）认为，空间异质性意味着经济行为在空间是不稳定的，而这与俱乐部趋同的概念有联系，因为俱乐部趋同的特征是多个局部稳定的均衡状态。

目前，国内外学者普遍认为空间俱乐部趋同目前还是一个假说，有待进一步深入研究，但是国外的部分学者也开始进行了一些尝试性探讨。这些学者不再把研究区域的经济体作为“孤岛”来处理，而考虑更多的是经济体所处的地理位置和经济体之间相互作用所产生的影响，这一条研究路径的起点是来自 de long et al（1991）的工作。随后，Armstrong（1995）、Moreno et al（1997）、Fingleton et al（1998）、Ry et al（2005）、Fingleton（2001）、Carrington（2003）、López-Bazo. E et al（2004）、López-Bazo. E（1998）、Egger et al（2006）、Olejnik（2008）、Pfaffermayr（2009）等的研究工作推动了这一研究领域的快速发展。

我国学者对空间维度的俱乐部趋同（即空间俱乐部趋同）的研究起步

较晚，相对比较薄弱，但部分学者也进行了尝试性探讨。如魏后凯（1997）、刘强（2001）、罗仁福（2002），采用在一般趋同模型中加入区位虚拟变量的办法，发现我国东、中、西三大经济地带表现出空间趋同俱乐部的特征。个别学者用β趋同回归模型直接检验东、中、西三大经济地带各自的趋同过程，认为这三大地带各自内部收敛明显，而地带间差距却没有缩小，即表现出了显著的“空间俱乐部收敛”现象。值得注意的是，与国外学者主要选择跨国或一个国家的区域作为俱乐部趋同研究的空间体系不同，我国学者近年来把研究的空间体系向微观的空间层次拓展。一是，跨省区的俱乐部趋同问题受到关注，孙久文等（2006）对京津冀地区、田艳平（2006）对中部地区的相关问题进行了初步的研究。二是，对个别省内部的地市、县域等较小的区域层次上俱乐部趋同问题进行了积极的探讨，如覃成林等（2005）、蒲英霞等（2006）、刘春艳等（2006）、贺清云等（2005）对不同的省份进行了研究，取得了一些有价值的成果。

3. 俱乐部趋同概念研究存在的主要问题

通过上述对各种俱乐部趋同概念的梳理，不同程度上揭示了俱乐部趋同的本质，但是俱乐部趋同的不同概念之间仍然存在问题与分歧，其中最为突出的就是俱乐部趋同概念的时间维度和空间维度的分离问题。

（1）从时间维度来定义的俱乐部趋同大多是采用横截面回归方法得到的，而且对于趋同俱乐部成员要达到的稳态没有明确的解释，只是称其为理论上的稳态，而该稳态到底是什么并不知道。这样就产生了一个问题，不知道稳态是什么，怎样解释俱乐部趋同的发展方向呢？少量采用时间序列方法来定义俱乐部趋同的文献对于稳态是什么进行了讨论，认为所有经济体的平均人均 GDP 水平与先进经济体的平均人均 GDP 水平可以作为稳态的代理（Nahar and Inder，2002；Dall’erba，2005）。

（2）从空间维度来定义俱乐部趋同的文献出于保证外生性的考虑，仅从纯地理因素来构建空间权重矩阵。Baumont 等（2003）在文中认为，空间依赖意味着由于某些过程，如贸易扩散、或其他社会和经济活动等，将不同的区域联系在了一起，所以，观测对象是有地理联系的。同时，该文认为正如 Fingleton（1999）建议的那样，在区域信息缺乏和不可靠的情形下，空间依赖能够捕捉诸如劳动力流动、资本流动、技术和知识扩散、运输或交易成本等直接影响着区域相互作用的经济要素的所有影响。因此，仅仅关注于由空间权重矩阵内生引起的特定的纯粹的空间模式而产生的空间依赖，也就是说不在权重矩阵中引入经济因素，大多数从空间计量来研究俱乐部趋同的文献都秉承这样的观点，在构建权重矩阵时仅仅考虑纯地理的空间因素。

（二）俱乐部趋同假说识别与检验

从研究的技术路线看，学术界对俱乐部趋同的检验，绝大多数分为两个步骤进行（覃成林、张伟丽，2008）。第一步，划分区域组（对区域进行分组即识别），使得相同组内的各区域满足俱乐部趋同概念所限制的条件，只有满足这些条件的同一组内的各区域才有可能产生俱乐部趋同。第二步，即检验同一组内各区域之间是否存在趋同现象（即趋同检验）。但是，也有少数文献采用将俱乐部趋同检验的这两个步骤合二为一的方法，如 Quah（1996，1997）等提出的增长分布演进方法中的随机 Kernel 密度函数，以及 Feáve 和 Pen（2000）提出的一种采用不完美样本划分信息的转换回归方法来得到趋同俱乐部等。然而，这些方法都存在缺陷（下文中将对此有详细的叙述）。因此，绝大多数文献还是遵循着区域分组——趋同检验的流程来检验俱乐部趋同假说。

1. 区域分组方法（即趋同识别）

目前，国内外文献中，用于区域分组的方法主要有两大类：一类是外生的区域分组方法。该方法主要根据某种事先描述好的标准，如初始人均GDP水平、教育水平等。区域组的个数也是事先给定的，这种分类方法恰恰排除了在研究时段内达到属于某一组的地区，存在一定弊端。这一方法在利用马尔可夫链来检验俱乐部趋同的文献中得到了大量的运用。另一类是内生的区域分组方法。主要有探索性空间数据分析方法、分类回归树分析方法、等级聚类分析方法等。由于外生的区域分组方法存在种种弊端，其科学性在学术界受到了质疑，因此，现在多数文献是采用内生的区域分组方法。

（1）外生的区域分组方法

所谓外生的区域分组方法就是研究者运用事先设定的描述“经济增长初始条件和经济结构等”的指标，对研究区域进行“相似性”分类，把所研究的区域分为若干组（覃成林、张伟丽，2008）。多数文献常用研究区域的初始人均收入、人力资本水平及教育水平等作为分类的指标，其中，使用最多的就是按照世界银行对国家发展水平所采用的分类方法，将所有研究区域按照人均GDP水平划分为以下4种类型：一是低水平区：人均GDP低于研究区域平均值的50%；二是中低水平区：人均GDP介于区域平均值的50%~100%之间；三是中高水平区：人均GDP介于区域平均值的100%~150%之间；四是高水平区：人均GDP高于区域平均值的150%。这一区域分组方法在利用马尔可夫链来检验俱乐部趋同的文献中得到了大量的运用（Gallo，2001；Tsionas，2001等）。

我国还有些学者按照区域政策的不同，将中国划分为东部、中部、西部，或者沿海、内陆，或者东部、中部、东北、西部等地区。如，蔡昉等（2000，2001）、刘强（2001）、沈坤荣等（2002）、王志刚（2004）等。这实际上也是事先设定了划分的标准，即我国的区域政策。

这种方法虽然具有简便易行的优点，但其缺点也较为突出，即运用该方法得到的区域组往往仅能满足某种条件的相似，而不能完全满足 Barro 和 Sala-I-Martin 的经典俱乐部趋同概念所要求的条件。如，按照世界银行的标准进行的区域分组仅仅满足了同一区域组内经济增长的人均 GDP 水平的初始条件相似。而且，选择不同的分界点可能会得到不同的俱乐部趋同结论。而我国一些学者是按照国家的区域政策划分的 3 大经济地带（或 4 大政策区域等）进行分组，各地带内部各区域的共同点仅仅在于享受的区域政策几乎相同，但并不一定满足经济增长的初始条件和结构特征等方面的相似性。因此，这中预先设定划分标准的方法并没有紧扣俱乐部趋同的概念，进而得到的结论也是有待商榷的。

（2）内生的区域分组方法

内生的区域分组方法就是不事先设定描述区域组的指标，而是采用内生选择的方法，对所研究的区域进行分组（覃成林、张伟丽，2008）。目前，使用较多的主要有探索性空间数据分析方法、等级聚类分析方法、分类回归树分析方法等。现在，越来越多的研究者都倾向于采用内生的选择方法来进行区域分组。

①探索性空间数据分析方法（ESDA）

ESDA（Exploratory Spatial Data Analysis，探索性空间数据分析）是一系列空间数据分析方法和技术的集成，以空间自相关测度为核心，实现地理信息系统软件支撑下的区域分组，该方法不同于传统的忽视了地理位置因素的区域分组，通过构建空间权重矩阵，将不同区域间的经济增长影响纳入到了俱乐部趋同的检验模型中，从而考虑了邻居区域的经济增长对于区域经济增长的加权平均影响。空间权重矩阵是用来分析区域间相互依赖的基本工具，本研究用 W 来表示，其组成元素的构建是建立在地理学的距离衰减规律基础之上，被视为区域间距离的函数（如反距离、反平方距离、负指数等等）。

空间自相关可以被定义为价值相似与地理位置相似的一致（Anselin，2001）。当某个变量的相似性在空间上集聚在一起的时候，就表现为正的空间自相关性；相反，当某个变量的差异性在空间上集聚在一起的时候，就表现为负的空间自相关性。与收入差异的研究相结合，这就意味着富裕区域倾向于在地理上聚集，而贫穷区域也倾向于在地理上的聚集。可以通过由探索性空间数据分析方法得到的 Moran'*I* 系数（Baumont et al，2003）或 Getis-Ord 统计量（Fischer et al，2006）来判断空间自相关，进而进行区域分组。

Baumont 等（2003）文中对于不同类型的距离进行了讨论，他们认为距离的概念是十分普遍的，如，以“社会距离”为基础的权重矩阵（Doreian，1980），或以“经济距离”为基础的权重矩阵（Case et al，1993）等。然而，在这两种情形下存在的问题，正如 Anselin 和 Bera（1998）所指出的那样“在选择社会经济权重的指标时应该特别的注意保证它们的外生性，除非它们的外生性在模型的设定中已经被明确地考虑了”，也就是说无法完全保证其外生性。而强调权重对于模型应该是外生的这一点是十分必要的，可以避免由 Manski（1993）文中指出的社会科学中的鉴别问题。因此，绝大多数文献中的距离指的都是纯地理距离。如，Rumayya 等（2005）采用的是简单的二进制邻近矩阵，Niebuhr（2001）采用的是纯地理距离的反指数函数，Baumont 等（2003）采用的是纯地理距离的反平方函数。而 Dall'erba（2005）在其文中采用两类空间权重矩阵，一类依赖于从一个区域人口最多的镇到另一个区域人口最多的镇的公路旅行时间。另一类依赖于纯地理距离。

综观利用 ESDA 来进行区域划分的文献，虽然，这些文献考虑了区域之间的相互联系，而不是像传统的文献将区域视为“孤岛”，可以说对于俱乐部趋同的研究产生了重要的影响。但是，仍然存在一些问题，主要表现在以下 4 个方面：

一是，大多数文献仅仅根据一个经济指标——初始人均 GDP 水平来进行区域分组，而这并没有紧扣俱乐部趋同的概念。因为，区域组成员不仅反映在人均 GDP 水平上的相似，还反映在其他初始经济增长条件及结构特征等方面的相似。因此，仅仅凭借初始人均 GDP 水平是不可能完全代表这些相似的，这样得到的区域组对于俱乐部趋同的检验而言也是不科学的。

二是，空间权重矩阵的构建大多是以纯地理距离为基础的，并不考虑绝大多数直接影响区域相互作用的经济因素，如劳动力流动、资本流动、技术扩散、交易成本等的影响，认为在区域信息缺乏和不可靠的情形下，空间依赖能够捕捉这些影响。对于这一说法，本研究持怀疑态度，实际上，以地理距离为基础构建空间权重矩阵，从根本上来讲是为了保证权重矩阵对于模型的外生性，这样做并不一定能够代表绝大多数经济因素对于区域相互作用的影响。

三是，正如 Anselin（1988）指出的那样，空间依赖检验的结果同时受到研究区域单元的选择和空间权重矩阵的选择两方面的影响。也就是说不同的空间权重矩阵得到的区域分组应该是不一样的，而绝大多数文献中并没有给出选择某种权重矩阵的理由，以及权重矩阵的改变对结果的影响。这样就会产生疑问，为什么选择这种形式的空间权重矩阵而不选择其他形式的空间权重矩阵？当空间权重矩阵的形式改变后得到的各区域组成员会发生变化吗？

四是，从 Moran's *I* 指数的计算公式可以看出，Moran's *I* 指数实际上是一个简单的空间线性回归。在一般的线性回归中，如果不首先检验变量之间是否为同阶向量，就直接进行回归会产生“伪回归”现象，得到的推断也是不可信的。而由空间权重矩阵计算的 Moran's *I* 指数实际上考虑的是周围邻近区域经济影响的线性组合，是一个平均的影响，而没有检验这些邻近区域与考察区域之间的变量向量是否为同阶向量，那么，就可能把那些与考察变量不同阶的向量也包括在内，这样，就可能像传统的回归那样，产生“空间伪回归”的现象。因此，这种分类方法实际上还有不成熟之处。

②等级聚类算法（the hierarchical agglomerative clustering algorithm）

在等级聚类算法中，首先将所有的样本看作是各自独立的集群。然后，在每一步中根据 n × n 阶相似矩阵原则，将那些最相似的样本结合在一起，最后一步将所有的样本集合在一个大的组里面。依次进行集群的结合能够被一个可视化的图形表示，这样可以鉴别在每一步形成的主要集群，它们的组成、正确计算结果的步数等。事实上，一个聚类表报告了算法每一步中两个结合的集群之间的相似性。数据最好的分法就是对应于两个相邻的步数之间，相似系数最快减少的分法（或者类似的，距离最快提高的分法）。

该方法仅在最近少量的国外文献中被运用，如，Castellacci（2006）在研究技术俱乐部的趋同与发散时提出了一个被称之为 σ 趋同的更强的 β 趋同概念，其思想是将研究 β 趋同的方法归为估计一系列的增长率的百分点的回归，以此来代替大量趋同文献中形成的传统单一的增长率的 OLS 回归。同时，Castellacci（2006）利用了等级聚类算法对整个世界的技术俱乐部进行了划分，并得到先进、跟随及边缘等 3 个区域组。

等级聚类算法的优点在于可以通过建立反映研究对象（如经济增长、技术等）的指标体系来综合考察其水平，并进行区域组划分，而不是仅仅局限于某个单一的指标来反映经济的增长，使得划分结果更加合理。但是，这种方法并没有考虑到区域之间的空间经济联系，而是将区域经济的增长视为彼此没有空间联系的孤岛。因此，从严格意义上来讲，得到的是一般的没有空间联系的俱乐部趋同。

③分类回归树分析（Classification and Regression Tree Analysis，简写为CART）

目前，在国外的文献中，分类回归树分析方法被用来划分区域组（Durlauf and Johnson，1995；Siano and D'Uva，2004，2006，2007 等），该方法的特别之处在于允许在关于同样的"学习"数据的分类分析的同时，进行回归分析，而且这个回归不需要任何内生选择变量的具体生产函数形式。回归树分析过程包括树的生成和修剪。在生成阶段，模型通过对每一个可能的临界点进行递归估计，直到对每一个结点的所有自由度都包括了一个次级样本。既然在生成阶段，树的大小是没有限制的，那么，一棵树可以比描述数据更加复杂。在修剪阶段，强加了一个标志附加分类成本的变量——相对误差，这样可以修剪掉不十分重要的分类。这个分类过程可以使得形成的同质组区域内的异质性最小化，最后的输出是一个具有"终点"的树，其中各结点的平均值代表了被解释变量的预计值。

较早运用回归分析技术来进行区域分组的是 Durlauf 和 Johnson（1995），他们根据一系列控制变量利用回归树技术来鉴别多个区域组，控制变量包括初始产出和识字率。回归树分析将世界样本分为低、中、高产出等 3 组国家，同时在中等产出国家中，又进一步分为低识字率和高识字率两组。他们发现在低产出国家之间存在趋同，但是在高产出国家之间不存在趋同。对于中等产出国家，较高识字率的次级组表现出趋同现象，而较低识字率的次级组却是发散的。Siano 和 D'Uva（2006）根据对一系列的经济指标进行 CART 方法后得到意大利区域收入的分组情况。这个分析过程的第一步就是选择可能影响经济增长的因素，然后将这些指标作为控制变量，利用增长回归模型进行回归分析，并选择回归系数显著的变量作为 CART 分组的解释变量，建立 CART 分组模型，从而得到了意大利的区域分组。Siano 和 D'Uva（2007）采用 CART 方法根据人力资本积累指标对意大利的区域进行分组。文中同样建立了反映人力资本积累的一个指标体系，并将该体系中的指标作为解释变量，考察时期人均 GDP 的增长率为目标变量，构建 CART 分组模型，并得到基于人力资本积累的区域分组。

该方法的优点在于综合考虑了影响经济增长的各方面指标，这样得到的区域组更加符合俱乐部趋同的概念，并允许在分类分析的同时进行回归过程，而且这个回归模型是不需要任何事先选择变量的生产函数形式。并且在回归的过程中，按照各因素对于经济增长的重要性提取出重要的分组变量及其临界值，这些分组变量对于进一步探寻俱乐部趋同的形成机制具有重要的启示意义，而这一点是其他大多数方法都不能做到的。但是，该方法并没有考虑到区域之间的空间经济联系，因此，在严格意义上来讲，得到的是一般的没有空间联系的俱乐部趋同。而且，回归分析可以采用的方法只有两种：最小二乘法和最小偏差法。事实上，计量经济中还有其他更好的回归分析方法，如广义最小二乘法和广义矩法等，如何将这些方法包括在回归树分析中，也是进一步需要研究的问题之一。

2. 俱乐部趋同检验

目前，现有文献用来检验俱乐部趋同的方法主要有传统计量方法、马尔可夫链方法、空间计量方法和非线性计量方法等。

（1）传统计量方法

传统计量方法是相对于近年来发展起来的空间计量方法而言的，采用传统计量方法进行俱乐部趋同检验的文献大体上可以分为 3 类，一类是经典的横截面回归方法，另一类是时间序列方法，还有一类是空间面板数据分析方法。

经典的横截面回归方法（Barro and Sala-I-Martin，1991），就是在得到的同一区域组内进行绝对 β 趋同检验，即验证该组内各区域的初始人均收入与其增长率之间的负向关系。横截面回归方法的优点在于不仅可以检验出是否存在俱乐部趋同现象，还可以测算出趋同的速率，并可以通过在横截面回归方程中引入控制变量的方法考察俱乐部趋同的影响因素。但是，这种方法只考察了期初和期末两个时期，而忽视了中间时期，显然期初与期末时期的变量是不可能完全代表整个时间段的。而且，对于要达到的稳态如何也无法予以解释。另外，如果经济体表现出多个长期均衡，横截面检验则趋向于可疑地拒绝没有趋同的原假设（Bernard and Durlauf，1996），也没有给予详尽的说明。

为了解决上述横截面回归方法的缺陷，Carlino 和 Mills（1993）利用时间序列分析发现并提出了随机趋同的概念，他们认为如果任意区域人均收入与其所属的区域组内的平均人均收入的差不是一个单位根，那么这个区域组内的所有区域之间就存在俱乐部趋同。在这个概念中，其实隐含了将区域组内的平均人均收入作为稳态的代理变量，绝大多数文献都认同这个观点（Nahar and Inder，2002）。近年来，时间序列方法在俱乐部趋同检验中的应用增多。如，Siano 和 D'Uva（2007），依据一些人力资本积累的分类指标，利用随机趋同概念，考察了1983—2003年间的意大利区域内是否存在俱乐部趋同。但是，该方法却不能测算趋同的速率，也不能在检验趋同的回归方程中通过引入控制变量来考察俱乐部趋同的影响因素。

还有一些文献（Islam，1995；Evans，1998；Maddala and Wu，2000）认为，由于存在参数异质性、内生性和测量误差等问题，横截面回归的结果可能是有偏的，并提出可以由面板数据分析来部分解决这些问题。面板数据分析最大的优势在于允许控制不可观测的异质性，而且能够使用回归变量的滞后变量作为工具变量，以减少测量误差和内生偏差，从而可以部分地避免横截面检验方法因参数异质性、内生性和测量误差等可能存在的结构偏差。因此，在俱乐部趋同检验中被越来越多的学者使用。如，Maddala 和 Wu（2000）通过测算不同的国家具有不同的趋同速度。同时，为了消除商业周期波动带来的影响，估计面板数据时，一般对整个样本时间段进行细分，并用每个时间段的平均值作为变量值。时间段的划分并没有固定的标准，Islam（1995）划分为5年一个时间段，Rivera和Currais（2004）划分为4年一个时间段。然而，面板数据分析方法仍然处于开始阶段，还需进一步完善。而且存在划分时间段没有理论依据，具有一定的随意性，而不同的时间段划分得到的结果可能是不同的。另外，由于面板数据分析通常采用固定效应模型，在该模型中对个体效应的处理方法是采用差分去除，因此，无法考察诸如地理位置等个体效应对经济增长的影响。

（2）马尔可夫链及空间马尔可夫链

马尔可夫链（Markov chain）是一种时间和状态均为离散的马尔可夫过程。该方法首先将连续区域的人均GDP数据离散化为k种类型，然后计算相应类型的概率分布及其年际变化，近似逼近区域演变的整个过程。通常，将t年份区域人均GDP类型的概率分布表示为一个$1\times k$的状态概率向量，记$Pt=[P1t, P2t, \cdots, Pkt]$，而不同年份区域人均GDP类型之间的转移可以用一个$k\times k$的马尔可夫转移概率矩阵表示，矩阵中的元素m_{ij}是t年份类型为i的区域在下一年份转移到j类型的概率。如果某个区域的人均GDP类型在t年份上属于类型i，在下一年份（$t+1$）仍保持不变，则区域没有发生变化，处于平稳状态；如果区域类型有所提高，则区域向上转移；反之，区域向下转移。

空间马尔可夫链（spatial Markov chain）是传统的马尔可夫链方法与“空间滞后”这一概念相结合的产物。具体来说，一个区域的空间滞后就是该区域邻居观测值的加权平均，概念为$\sum_j w_{ij}y_j$，其中y_j是区域j的变量观测值，w_{ij}是空间权重矩阵W的元素($i,j=1,\cdots\cdots,n$)。空间马尔可夫转移概率矩阵以区域i在初始年份的空间滞后类型为条件，将传统的$k\times k$马尔可夫

矩阵分解为 k 个 $k \times k$ 条件转移概率矩阵。对第 k 个条件矩阵而言，元素 $m_{ij}(k)$ 表示以区域在 t 时点的空间滞后类型 k 为条件，该时点属于类型 i 而在下一时点转移为类型 j 的空间转移概率，可用于分析在不同区域背景条件下，一个区域向上或向下转移的可能性。

较早利用马尔可夫链来研究俱乐部趋同的是 Quah。Quah（1993a，1996a，1996b，1997）认为，趋同研究应该考虑整个人均 GDP 分布的形态及其内部分布随着时间的动态演变，而不是通过估计增长率和人均 GDP 水平的横截面关系。利用基于马尔可夫链和转移概率矩阵的方法，均发现了区域之间收入分布极化为富裕和贫穷的“双峰”。Quah（1996b）建立了一个跨多个经济体的增长和不完全资本流动的模型，并利用该模型发现了跨国间收入分布的动态演变。文中还认为传统的方法仅仅是一个平均行为或有代表性的经济行为，对于追赶和趋同的启示不大，并且无法解释一些有趣的问题。如，无法解释为什么最贫穷的经济将停滞，并与富裕经济间存在着持久的差距？也就是说传统的方法对于分层和极化是无法解释的，但其能够清楚说明一个特殊的经济体可以趋同于其自身的稳态，而这并不是追赶。

Cermeno（2002）运用马尔可夫转移模型分别对 57 个国家、100 个国家、OECD 和美国各州等不同样本数据进行分析，不仅实证检验了趋同俱乐部的存在，而且还发现，低增长组表现出不稳定性的特征，而高增长组却相对稳定。在世界范围内，只有少数国家在整个样本时期内始终留在高增长组内，而在最后几十年，所有的 OECD 国家和美国的绝大部分州都一直保持高增长的态势。

近年来，运用空间马尔可夫链进行俱乐部趋同检验的文献增多，如，Gallo（2001）研究了 138 个欧洲区域在 1980—1995 年的经济差异演变情况，同样发现了趋同俱乐部的存在。同时，文中还利用由 Quah 提出的区域条件方法和由 Rey（2001）提出的空间马尔可夫链两种方法考察了地理因素在趋同中的作用，并发现地理位置在欧洲的增长和趋同过程中仍具有重要的解释作用，一个区域的经济发展受其邻居区域经济发展的影响较大。

还有少量文献运用不同的方法检验区域趋同，并对这些方法进行比较。如，Tsionas（2001）运用不同的检验方法检验了希腊各区域的趋同，发现 β 回归的结果显示存在趋同，同时 σ 趋同检验的结果也表明对于1971—1993 年的绝大部分时期而言差异减小了。然而，马尔可夫链分析表明希腊区域呈现高度的两极分化。文中认为马尔可夫链更适合检验分布随时间的演变，因此，可以得到更加准确的结果。考虑到这种优势，极化结论似乎更加可靠。该文中同时也发现区域收入分布出现了结构改变（也就是两个次级时期有限分布的不同），然而，结构改变不足以停止极化的过程。

通过上述分析，不难看出，依据马尔可夫链以及空间马尔可夫链进行趋同检验还存在一些问题：

一是利用马尔可夫链检验俱乐部趋同的方法，虽然可以提供人均收入分布随着时间的动态演化，但在这种方法中，对于俱乐部趋同的关键问题——区域组的划分往往是采用预先设定的标准，如 Tsionas（2001）采用NUTS-3 的分类对希腊进行区域分组。Gallo（2001）为了使得初始组包括的区域个数大致相同，采取了如下 5 类划分标准，低于欧洲平均 GDP 的65%、欧洲平均 GDP 的65% –95%之间、欧洲平均 GDP 的95% –110%之间、欧洲平均 GDP 的 110% –125%之间、高于欧洲平均 GDP 的 125%。

二是马尔可夫链方法本身主要是对数据进行各种统计描述，缺乏理论模型的解释力。正如 Fingleton（1997）的研究所述，它无法清晰的表明其理论基础，尽管具有随机均衡的优点，但并不是分析区域经济动态的理想模型。

三是空间马尔可夫链具有与空间自相关类似的缺陷，即绝大多数文献都没有解释所用空间权重矩阵的理由，以及空间权重矩阵形式的改变对于结论的影响，也就是说无法准确地解释空间权重矩阵的选取原则。

（3）空间计量方法

近年来，新经济地理学和新增长理论结合的趋势表明，集聚和增长过程之间相互作用的方式能够产生对于区域增长研究更好的解释，这些理论强调了地理溢出在增长机制中的作用（Baumont and Huriot，1999；Baumont et al，2003；Rumayya et al，2005）。而且，绝大多数的分析指出主导的增长——地理模式是中心——外围均衡和不均衡的发展（Rumayya et al，2005），因此，Baumont 等（2003）认为，既然相似的区域倾向于集聚，那么区域数据能够进行空间组织，也就是说以地理数据为基础的计量估计必须考虑这一事实，即经济现象在区域空间里可能不是呈现随机分布的，而是呈现空间自相关。另外，如果认为地理溢出可能影响增长过程，那么估计这些影响就是值得的，而且每一个区域的经济现象都是相互作用的。同时，从计量经济学的角度，观测对象之间的空间依赖将导致无效的 OLS 估计量和不可靠的统计推断。这样就需要在使用地理数据模型时系统地检验空间自相关，就像时间序列模型系统的检验序列相关一样，进而产生了将俱乐部趋同扩展到空间计量的必要。

空间计量方法对俱乐部趋同的检验是在利用探索性空间数据分析技术得到的同一区域组内进行的，从绝对β趋同模型的 OLS 估计开始，考察得到的诊断性检验值，即通过 Jarque-Bera 检验值考察是否符合正态分布，通过 White 检验值考察是否能够拒绝同质性假设，通过 Breusch-Pagan 检验值考察初始人均收入水平变量的显著性等。另外，为了确定空间依赖的形式（空间滞后或空间误差），考察拉格朗日乘数检验值及其稳健性。当进行完上述各种以发现空间自相关和空间异质性为目的的检验后，如果得到的拉格朗日乘数检验值都不显著，而且 White 检验值并不能拒绝同质性的原假设，那么，就意味着被检验的区域组内不存在俱乐部趋同。反之，则意味着可能存在俱乐部趋同，转而进入下一步检验程序，即采用合适的空间计量模型检验俱乐部趋同的存在性。目前文献中用来检验空间俱乐部趋同的空间计量模型主要有空间滞后模型（空间自回归模型）、空间截面回归模型和空间误差模型等。

近年来，绝大多数采用空间计量方法来检验俱乐部趋同的文献都是以欧洲作为研究对象。如，Baumont 等（2003）利用 1980—1995 年 138 个欧洲区域的人均 GDP 数据进行空间计量分析，以考察空间效应在欧洲区域趋同中的作用。文中分别考察了 4 种权重矩阵，即临界值分别为大圆周距离分布的最低分位数、中间、较高分位数和最大等情况下的权重矩阵，得到了几乎相同的南部（主要由 4 个国家的区域构成，代表了低产出水平）和北部（主要由 8 个国家的区域构成，代表了高产出水平）两个空间区域组，唯一不同的是在北部 Scotland 地区出现，这一发现强调了该文的区域分组结果关于空间权重矩阵选择的不稳健性。回归结果显示，趋同过程在空间区域组之间是不同的，欧洲区域形成了南部和北部两个空间趋同俱乐部。同时，一个给定区域的人均 GDP 的平均增长率受到了其周围的邻居区域的平均增长率的显著影响。而 Fischer 等（2006）的研究更为深入，他们提出了一个空间异质性意义上的俱乐部趋同概念，并建立了一个与之联系在一起的俱乐部趋同检验的空间计量框架，从理论上探讨了新古典模型在空间上的扩展，即扩展为空间俱乐部趋同模型，并将这一模型运用到了对 25 个欧洲国家的 256 个区域，在 1995—2000 年趋同过程中，得到了两个重要结论：欧洲的趋同过程存在异质性模式，异质性同时表现在趋同速度和稳态水平上。同时，空间误差依赖引起了对于趋同俱乐部概念认识的重要偏差，因此，忽视这种偏差将产生误导性的结论。其他样本区域的研究，如，Andrada 等（2002）通过对美国南部新英格兰的 559 个镇 1980—1990 年数据分析，得出了经济发展中的空间趋同俱乐部和空间集群模式，并初步探索了空间相关性在区域经济增长趋同中的作用。

需要注意的是，并不是所有的文献都得到了空间趋同俱乐部存在的结论，也有些文献并没有发现空间趋同俱乐部的存在。如，Rumayya 等（2005）使用 1983—2001 年 East Java 的 30 个地区的生产总值数据，其空间俱乐部趋同的检验模型采用的是空间 Durbin 模型，但是回归分析结果并没有发现俱乐部趋同存在的证据，只是发现了区域溢出的证据，即 East Java 地区的人均增长受到它们邻居区域的正向影响比受到它们自身初始收入或者邻居的增长率水平的正向影响更多。在理论上，这个结论是与新经济地理学和新增长理论一致的，即当地理溢出更加局部化而不是全局化时，区域收入的差异是具有持久不变趋势的。

利用空间统计和空间计量经济学的模型来研究俱乐部趋同，弥补了过去忽视经济增长过程中地理效应的作用，改进了模型设定中对于忽略变量影响的处理方式，但是，目前这方面的研究仍然存在一些问题。

一是绝大多数文献采用的是横截面空间计量模型，该模型虽然考察了观测对象在空间分布上的相关性，但是无法考察时间序列上的相关性，而且在模型中同时考察横截面和时间序列的空间面板数据研究较少。

二是大多数文献都是以验证空间趋同俱乐部是否存在为研究目的，但是对于空间趋同俱乐部的形成机制研究较少，而且这方面研究多集中于地理溢出效应、知识外溢、技术外溢、研究与开发、人力资本积累等单因素分析，上述因素的耦合对于区域经济增长的地理空间集聚的影响，以及差异格局的形成等研究还需进一步完善。

三是大多数文献都没有给出选择空间权重矩阵的理由，而不同的空间权重矩阵不仅会影响到空间区域组的划分，还会影响到空间计量模型的估计。Baumont 等（2003）文中曾分别考察了 4 种权重矩阵，得到的结论是区域分组结果对于空间权重矩阵的选择是不稳健的。因此，对于空间权重矩阵的选择问题还需做更深入的研究。

四是大多数文献中的空间计量模型，均强调了地理因素在趋同过程中的重要作用，但却未能将地理效应与其他影响趋同过程的效应结合起来进行考虑。

（4）非线性计量模型

基于大多数文献的经验工作是建立在线性计量方程基础之上的，但是，文献中并没有一个适当的检验来考察这样的线性计量方程是否有效，而且，这些文献在理论和实证上都受到了线性假设的挑战。理论上，大量模型表明多个稳态的存在，从而将国家分为具有不同趋同模式的不同的组。如，Azariadis 和 Drazen（1990）认为物资资本或者人力资本积累存在临界值，一旦超过该值时，具有“临界”特征的技术外溢可能会引起规模报酬的急剧升高。在位于临界值之上或者之下的国家可能显示出不同的增长行为，进而导致趋同的速率不同甚至在某些特别的地区发散。另外，Murphy 等（1989）及 Durlauf（1993）的研究表明，由于协调发展失灵或者局部技术外溢等，国家间可能表现出多个稳态。总之，这些理论模型都认为在传统的增长分析里隐含的线性模型可能会误导，而非线性分析应该更加符合实际。实证上，也得到了一些非线性模型的结果，如，Kalaitzidakis 等（2001）提出了一个半参数 PLR 跨国增长回归模型，并认为该方程特别适合于研究人力资本对于经济增长的作用。文中的实证分析表明，被广泛用于测度人力资本水平的变量受教育年限对经济增长的影响是非线性的。当受教育年限的水平较低时，其对经济增长的影响是负向的。当受教育水平达到中等程度时，其对经济增长的影响却是正向的。但是，较高的受教育水平对于经济增长的影响却是不显著的。该文的实证分析为非线性计量模型提供了一个经验的支持。目前文献中常用的非线性计量方法有：

①半参数部分线性方法（semiparametric partially linear method）

该方法最早是由揭示初始条件如人均产出和教育等是如何影响增长分布的问题而产生的，并由 Liu 和 Stengos（1999）及 Kalaitzidadkis 等（2001）发展起来。Liu 和 Stengos（1999）提出了半参数部分线性模型，并利用该模型来检验是否初始产出和人力资本在非线性方法里通过可能的临界点在影响增长中起到不同的作用，该文提出的模型为（式 2－1）：

$$y_i = x'_i\beta + g_1(z_{1i}) + \cdots + g_p(z_{pi}) + \varepsilon_i \tag{2-1}$$

这里 y_i 是增长率，x_i 是反映线性影响增长率的解释变量向量，而 z_{1i}，…，z_{pi} 为其他的非线性的影响增长率的解释变量。

Liu 和 Stengos（1999）首次给出了有关数据是否支持线性原假设，或者相替代地支持将人均产出和教育看作非线性的具体检验，结果表明原假设在 1% 的显著性水平上被拒绝。他们还发现趋同仅仅存在于初始人均 GDP 高于 1800 美元的国家之间，而低于这个水平的国家之间是分异的。有关教育水平方面，一个更加显著的对经济增长有影响的变量仅仅在中学入学率高于 15% 之后才发现。

进一步，Qi Li（2000）给出了对于有限维度的半参数部分线性方法的 n 个正态根（root-n-normality）估计结果，文中同时讨论了误差项条件同质及异质情况下，估计结果的有效性。函数形式 g（·）是不具体的，而且能够通过非参数方法如 Kernel 密度函数等进行一致的估计。这种方法的主要优点在于 $\hat{g}_s(z) - g_s(z)$ 的正态分布保持相同，正如其他部分 $g_l(\cdot)$ $(l \neq s)$ 及 β 一样是已知的。结果 $\hat{g}_s(z)$）能够被单独的估计。该方法还可以给出非线性影响变量 z_{1i}，…，z_{pi} 对于增长率的影响图。

②岭回归（threshold regression）

岭回归模型允许观测对象按照一个观测到的临界变量被分为不同的类型。岭回归模型在经济学中有着广泛的运用，如作为分类模型和多均衡模型，而用于增长趋同的多均衡模型就可以检验俱乐部趋同假设。而且该模型可以作为非线性函数估计的更有效的方法，如非参数时间序列文献中普遍采用岭回归模型（TAR）。

样本被分为2个类型的岭回归模型可以被表示为（式2-2）：

$$y_i = \begin{cases} \beta_1 x_i + \varepsilon_i & if: \ q_i < \gamma \\ \beta_2 x_i + \varepsilon_i & if: \ q_i \geqslant \gamma \end{cases} \tag{2-2}$$

其中，岭变量 q_i 根据其值与临界值 γ 的关系将样本划分为两类。显然，通常情况下，两类的回归参数是不同的，这就意味着在不同的样本类型中解释变量 x_i 对于被解释变量 y_i 的影响是不同的，岭回归模型的估计可以采用最小二乘法。

Hansen（2000）构建了一个岭回归估计的统计理论，考虑了轨迹参数的最小二乘估计，并提出回归估计量的正态分布理论。实证上，根据Durlauf和Johnson（1995）文中的临界变量（即1960年的人均产出和成人识字率），使用岭回归方法来对国家进行分类。他发展了一个通过最小二乘法得到参数估计的方法，并提供了一个正态性的参数置信区间，岭回归的结果同样支持了趋同俱乐部的存在。

③灵活的非线性方法（flexible nonlinear approach）

该方法是由Hamilton（2001）提出的，其特殊之处在于不仅可以判别被解释变量和解释变量之间的关系是线性的还是非线性的，而且可以给出非线性的具体形式。Hamilton提出的模型为（式2-3）：

$$y_i = \mu(x_i) + \varepsilon_i, \ i = 1, 2, \cdots, N \quad \varepsilon_i \sim N(0, \sigma^2) \tag{2-3}$$

其中 y_i 为被解释变量，x_i 为 $k \times 1$ 阶的解释变量。函数 $\mu(x_i)$ 的形式

未知，并可以通过 Hamilton 提出的程序来估计。灵活回归模型的基本思想就是不仅把被解释变量视为一个随机过程，而且把函数 $\mu(x_i)$ 也视为一个随机过程的结果，$\mu(x_i)$ 可以表示为（式2-4）：

$$\mu(x_i)=\alpha_0+\alpha'_1x_i+\lambda m\ (g\Theta x_i) \tag{2-4}$$

这里 α_0 和 λ 是标量，而 α_1 和 g 是 $k\times1$ 阶参数向量，Θ 表示产出矩阵的元素。如果 $\lambda=0$，那么上述模型就变为线性模型，这就意味着检验线性假设的关键就是看 λ 的值是否为0。

Huang（2005）文中采用的灵活的非线性模型在 Hamilton（2001）提出的模型中加入了时间虚拟变量为（式2-5、式2-6）：

$$y_i=\delta_1D70+\delta_2D80+\mu(x_i)+\varepsilon_i \tag{2-5}$$

$$\mu(x_i)=\alpha_0+\alpha'_1x_i+\lambda m(g\Theta x_i) \tag{2-6}$$

被解释变量为国家 i 的增长率，解释变量包括初始 GDP 的对数、中学入学率、人口增长率、投资占 GDP 的比重等。该研究首先检验了 λ 的值是否为0，得到的 LM 统计量拒绝了 $\lambda=0$，也就是说模型是非线性的。对上述模型进行极大似然估计后得到的结果是除了人口总增长率以外，其他的解释变量对增长的影响都是显著非线性的，而且还发现通过相对初始条件（如人均 GDP）分类，不同类型国家存在着不同的增长模式，为俱乐部趋同的存在提供了经验证据。

非线性计量方法多为俱乐部趋同的存在提供了经验证据，但是，该方法的缺陷也比较明显，即缺乏对区域之间相互作用关系的研究，认为区域经济增长仅仅受其自身的影响，而忽视了区域之间的关系所产生的影响。从俱乐部趋同研究文献的发展历程可以看出，目前对于区域之间关系在区域经济增长中的作用多数文献均持肯定的观点，而且空间计量经济更是把地理溢出、知识外溢等作为区域经济增长的重要影响因素。因此，忽视区域之间的相互关系而进行的俱乐部趋同研究是不全面的。

3. 少数文献的其他做法

前面提到，还有少数文献并没有遵循区域分组（即趋同识别）——趋同检验这样的流程来检验俱乐部趋同假说，而是将这两个步骤合二为一，这方面的代表主要有 Quah（1996，1997）等提出的增长分布演进方法中的随机 Kernel 密度函数，以及 Feáve 和 Pen（2000）提出的一种采用不完美样本划分信息的转换回归方法来得到趋同俱乐部。

Quah 认为研究趋同经验的一个本质的方法是提供一个分布如何演进的经验模型（这一思想首先是由 Quah 提出的）。令 F_t 表示 t 时点各个国家的收入分布，λ_t 是这种收入分布的一个测度，$\{F_t: \forall t\}$ 或者等价形式 $\{\lambda_t: \forall t\}$ 的最简单的演化模型就是一个一阶自回归（式 2-7）：

$$\forall \text{ measurable sets } A: \lambda_{t+1}(A) = \int M(Y, A)\, d\lambda_t(y) \qquad (2-7)$$

其中，M 是一个随机核，它将收入与可测集 A 的 Cartesian 乘积映射到 [0，1] 中。同时核 M 将 λ_t 映射到 λ_{t+1}，从而描述出 F_t 到 F_{t+1} 的变化。因此，M 包含了有关内部分布动态的信息，也比诸如平均值或标准差之类的集聚统计包含了更加严格的信息。

式（2-7）除了它的值是分布之外（而不是标量或数字的向量），类似于一个标准的时间序列一阶向量自回归。而且它包含了不明显的干扰。式（2-7）是分析 $\{\lambda_t\}$ 动态的有用的第一步，重写式（2-7）可得式（2-8）：

$$\lambda_{t+1} = M \cdot \lambda_t \qquad (2-8)$$

对式（2-8）进行迭代可以得到（一个预言）未来的横截面分布（式 2-9）：

$$\lambda_{t+s} = (M \cdot M \cdots \cdot M) \cdot \lambda_t = M^s \cdot \lambda_t \qquad (2-9)$$

这样做一直到极限 $s \to \infty$，那么就可以得到跨国间收入的长期或遍历分布。趋于均等的趋同可以通过在 $\{\lambda_{t+s}\}$ 中具有趋于一个衰退点的趋势来证实，而世界在长期的极化可以通过在 $\{\lambda_{t+s}\}$ 中具有趋于两个点或双峰的趋势来证实。演化分布的趋同速度及横截面的运动特点也可以通过核 M 的一定的光谱特点来分析。

那么如何估计 M 呢？在增长分布演进方法中，马尔可夫链是一种常用的近似和估计分布演化规律的方法。内部的动态分布信息被一个马尔可夫转移概率矩阵（或者一个随机 kernel 密度函数）代表，与这个矩阵联系在一起的阶段的（或长期的）分布被描述为收入分布的长期行为。它既包含了时间序列，又包含了数据即时的横截面特征，表现为一个处理大量数据的理想方法。前面已经提到，马尔可夫转移概率矩阵方法也是遵循了区域分组——趋同检验流程的，而且，其往往采用外生选择的区域分组方法。但是，随机 kernel 密度函数却可以内生地进行区域分组，从而内生的形成趋同俱乐部，而且，这两个步骤是同时完成的。Quah（1997）就采用这种方法分析了 1961—1988 年 15 年间 105 个国家经济增长的模式，并发现了经验规律，即双峰的出现，即两个趋同俱乐部，而不是简单的趋同或趋异。

但是，这种方法最大的缺陷在于考察的指标通常是单一的（通常为人均收入），因此，得到的俱乐部趋同也仅仅是单一指标的俱乐部趋同（通常为人均收入的俱乐部趋同），这就不一定符合俱乐部趋同所要求的区域条件。

Feáve 和 Pen（2000）提出了一种采用不完美样本划分信息的转换回归方法，检验得到了俱乐部趋同现象。他们认为 Durlauf 和 Johnson（1995）的方法过多的依赖于数据，文中考虑了一个中间情形，即使用一个对样本划分具有附加信息的转换回归方法来得到趋同俱乐部，并假定这种样本划分信息是不完全的，有可能导致对一些国家的错误划分。在他们的模型中，明确地考虑了这些错误，并尝试着估计出错误判断的概率。文中采用该方法对92个国家1960—1989年的俱乐部趋同情况进行了检验。为了得到初始人均GDP的临界值，该文估计了1960年人均GDP几个值的条件趋同方程，并从中选择了残差平方和最小的那个值作为临界值。

但是，Feáve和Pen（2000）采用的方法得到的结论与多数文献的结果并不相同，也就是说在他们的方法下并没有发现最富裕的国家之间存在俱乐部趋同。因此，这种方法的可行性是值得商榷的。

总之，虽然有少数文献将俱乐部趋同假说实证检验的两个步骤合二为一，但是，这些文献要么存在考虑的指标单一，要么存在得到的结论不符合大多数文献的判断等缺陷，因此，本文仍然主张遵循区域分组——趋同检验这样的流程来进行俱乐部趋同假说的实证检验。

（三）俱乐部趋同的形成与演进机制研究

从研究方法来看，考察俱乐部趋同形成机制的文献大体可以分为传统的计量方法、分布演进法和空间计量方法等3类。

1. 传统计量方法考察俱乐部趋同形成机制

Galor（1996）将俱乐部趋同归结于微观层面上劳动要素禀赋的异质性。Ben-David（1998）将生存消费的假设引入新古典增长模型进行分析，得到了与经验数据一致的结论，从而解释了俱乐部趋同。Deardorff（2001）则以专业化和国际贸易为背景，进一步阐述了俱乐部趋同存在的原因。Canova（2004）则从战略性资源存在进入门槛，非凸性或收益递增，偏好和技术的相似性，政府政策等方面对俱乐部趋同的成因加以研究。Siano和D'Uva（2006）认为俱乐部趋同的形成主要是由于不同区域的部门专业化指数的不同。

2. 分布演进法考察俱乐部趋同形成机制

自 Quah（1993）提出对趋同研究忽视区域之间相互关系的重要批判后，一些文献利用由 Quah（1993，1996，1997）提出的动态分布方法来研究俱乐部趋同。这些文献绝大多数分别从离散和连续两方面，利用马尔可夫转移概率矩阵和随机 kernel 密度函数两大工具，并从无条件分布中得到条件分布的图形，考察了影响俱乐部趋同形成的各种因素。

如，Quah（1996）建立了一个跨多个经济体的增长和不完全资本流动的模型来考察跨国间收入分布的动态演变。文中认为，在研究趋同的经验文献中，对于哪些是恰当的条件变量的认识往往是模糊的。以文中建立的理论模型为基础，该文选择了平均受教育年限、物质资本投资和非洲大陆的虚拟变量等作为条件变量，并利用随机 kernel 密度函数，从无条件分布中得到条件分布的图形，以考察这些条件变量对于俱乐部趋同形成的作用。结果发现，平均受教育年限、物质资本投资和非洲大陆的虚拟变量等可以部分的解释“双峰”形成。

Sanghamitra 等（2003）对 1965—1998 年印度地区的收入趋同性作了研究，通过考察整个收入分布的演进，发现了收入表现出双峰动态，即存在两个趋同俱乐部，一个在全国平均收入的 125% 处的高收入俱乐部，另一个是在全国平均收入的 50% 处的低收入俱乐部。文中分别以辅助指标即财政赤字、教育支出、通货膨胀、基础设施、利息支出和各自的税务预算等为条件，考察俱乐部趋同的形成，并发现，资本支出和财政赤字部分地解释了较高收入趋同俱乐部的形成，同时，基础设施和一定程度的教育支出解释了较低收入趋同俱乐部的形成。文中的结果重点强调的是不同的辅助因素在不同的程度上解释了俱乐部趋同，这些经验规律都刻画了也解释了具体的收入动态，特别是分布的模式，这些是标准的方法不能揭示的。

3. 空间计量方法考察俱乐部趋同形成机制

新增长理论和新经济地理学理论对于解释区域增长的决定因素和区域不平等的演化均有重要的意义。这些新的理论强调了溢出效应的重要性，而且对于增长的空间因素意识也日益增强。在增长理论的基础上，空间效应被逐渐认为是区域增长过程的一个重要特点。这些研究强调了地理溢出在增长机制中的作用，研究结果意味着经济现象不能在同一区域组的空间里呈现随机分布，也就是说可能存在空间自相关（Baumont et al，2003）。因此，普遍认为空间效应特别是空间自回归在趋同过程中是不能被忽视的，区域之间的贸易和人员往来、技术和知识扩散，以及更普遍的区域溢出，这些都引起了区域之间的空间依赖，而忽视这些效应将意味着将区域视为“孤岛”（Quah，1996）。

另外，新增长理论和新经济地理学理论结合的理论模型认为中心和外围不可能趋同于同一个稳态。因此，应该检验趋同俱乐部的存在，并且这两种理论的结合表明外溢效应和区域间地理范围的关系在区域不平衡发展过程中具有重要意义，通过空间回归模型可以发现地理外溢效应的显著性。由于空间外溢，促使空间维度俱乐部趋同的路径主要有：一是技术扩散促进趋同，而且是相对位置的函数（物理距离，到达时间）；二是技术的初始水平可能具有一个空间维度；三是其它类型的外溢也趋向于具有位置效应，这些外溢效应对于邻近的国家或区域趋同也是有贡献的（Rumayya et al，2005）。

因此，作为上述理论发展的结果，现在的经验研究，重点在于增长和趋同的空间维度，并主要从地理溢出、空间异质性和空间依赖等方面来考察空间俱乐部趋同的形成机制。具体来讲，当地理溢出更加局部化时，就产生了区域增长的不均衡分布，区域经济差异具有了持久不变的趋势，进而可能形成不同的趋同俱乐部。经济行为在空间上的不稳定性被称为空间异质，在一个回归模型里，空间异质可以被不同的系数反映，即结构不稳定（structural instability）。或者，可以通过观测对象之间不同的误差变量来反映，即组间异质性（groupwise heteroskedasticity）。空间异质性与俱乐部趋同的概念有联系，俱乐部趋同的特征是多个局部稳定的均衡状态（Durlauf and Johnson，1995）。空间依赖（空间自相关）意味着不同类型的区域组，均倾向于地理上的集聚（Baumont et al，2001）。

从空间维度探寻俱乐部趋同形成机制的文献大多以探索性空间数据分析技术和空间计量方法为手段，以空间权重矩阵的构建为起点，以空间计量回归中反映邻居初始平均收入水平和邻居初始平均增长率水平的系数为中心，来考察俱乐部趋同的形成。得到的一般结论为，区域的平均增长率与其邻居区域的平均增长率正向相关，趋同俱乐部的形成是与经济行为的空间异质性和局部的地理溢出效应联系在一起的，同时各区域之间的局部地理溢出效应比全局地理溢出效应更普遍，当存在地理溢出效应时，区域收入的不平等趋势将是持久的（Baumont et al，2001；Niebuhr，2001；Baumont et al，2003；Rumayya et al，2005；Dall’erba，2005；Fischer and Stirböck，2006）。

（四）区域经济增长俱乐部趋同影响因子研究进展

本书研究的主要问题就是中原经济区空间俱乐部趋同的影响因子。因为，研究俱乐部趋同的影响因子不仅可以揭示趋同俱乐部的形成和演进机制，而且对不同经济发展水平地区的经济增长，协调区域经济发展可以提供分类指导。因此，为了理清俱乐部趋同影响因子以及国内外学者的相关研究成果，本研究将从以往经济发展的影响因子、绝对和条件趋同影响因子、俱乐部趋同影响因子以及空间俱乐部趋同影响因子等进行梳理规整。

1. 区域经济增长影响因子研究

对于区域经济增长影响因子的研究，早在18世纪80年代的产业革命时期，亚当·斯密就在《国民财富的性质和原因的研究》一书中，系统地阐述了劳动分工对于积累国民财富的优越作用，他把经济发展和累计国民财富的影响因子归结为劳动力的数量、技能和劳动力的再生产。20世纪40年代至50年代，以哈罗德和多马为代表，开始用模型为主研究经济发展，学者们普遍认为影响经济发展的因子主要是资本和劳动力的投入量。到了20世纪50年代中期至80年代，美国的经济学家罗伯特．索洛（Solow. R）对哈罗德—多马模型中涉及的“刀锋”问题提出了质疑，认为资本和劳动可以相互替代，因此，罗伯特·索洛（Solow. R）认为影响区域经济发展的主要因子是资本、劳动、技术以及人口的增长率，但罗伯特．索洛（Solow. R）认为技术是外生的，这无法从根本上解释区域经济长期增长问题。到了20世纪80年代中期，以罗默（Romer P，1986）和卢卡斯（Luca R，1988）为代表的经济学家把技术这一变量引入增长模型，同时指出技术是内生的，是对资本和劳动力的投入直接产生作用的重要变量。后来罗默（Romer. P）在其代表性论文《收益递增与长期增长》一文中指出，除考虑经济增长的两个影响因子——劳动和资本外，还应考虑第三个影响因子——知识。他认为，技术进步、知识积累是其它经济活动的副产品，知识的运用具有共享性，即非竞争性，这是导致收益递增的关键所在，这从根本上解释了一国（地区）经济长期增长的根本问题。此外，罗默（Romer，1996）还认为专业化的投入、卢卡斯（Lucas，1988）认为人力资本的累积和人力资本水平、阿罗（Arrow. K）认为知识的积累等均是影响区域经济增长的一般影响因子。丹尼森（Ddward F. Denison）开创了经济增长因素分析法，他把影响区域经济长期增长的因素归结为八个方面：①使用劳动者的数量及其它们的构成；②工作小时；③劳动者的教育程度；

④资本存量的规模；⑤知识的状态；⑥分配到无效使用中的劳动比重；⑦市场规模；⑧短期需求压力的格局和强度。随后，他进一步把影响经济增长的影响因子分为两大类，即总的生产要素投入量和生产要素生产率。前者包括劳动资本和土地；后者也称平均每个投入单位的产量，也可以进一步分为知识进展、资源配置的改进、住房占用率、规模节约和不规则因素等五种因素。库兹涅茨（Simon Smith Kuznets）认为影响现代经济发展的主要因素是知识存量的增长、生产率的提高、结构变化（劳动力结构和产值结构）。格雷戈里（Gregory，P. R）和斯图尔（Chris Steward）认为影响经济发展的还有环境因素（劳动力、资本投入、自然资源禀赋状况和经济规模）、政策因素和体制因素（Durlauf，1993、1995、1996）。从上述对区域经济发展影响因素的分析可以看出，国外经济学家主要是从经济内在规律分析经济增长的原因，但是他们并没有按照对影响经济发展的地方因子、具有地方效应的全局因子进行分类，尽管如此，他们的研究成果还是对本文影响因子的选择、分类以及影响因子的分析提供了有益的启示。

改革开放后，随着我国经济的长期快速发展，我国的一些经济学者对区域经济增长的研究产生了浓厚兴趣。王启仿（2004）认为影响区域经济发展的一般影响因子有制度、产业结构、劳动力、资本、自然条件和区位条件。黄肖琦等（2006）认为影响经济发展的一般影响因子有劳动力成本、地方因子（优惠政策、开放程度和市场化程度）、新经济地理因素（贸易成本、技术外部性、货币外部性）、FDI 水平等。朱光美（2007）根据新增长理论，从空间知识溢出这一角度对我国落后地区的经济发展进行了深入研究，朱光美认为，落后地区通过接受先进地区的知识溢出，实现技术追赶“后发优势”，已成为落后地区经济快速发展的重要途径。由此，对于经济欠发达区域来说，区域的知识水平和知识溢出以及区域经济协调发展研究已经成为寻找自身的比较优势，缩短与发达地区差距，实现对经济发达地区技术追赶的关键。才国伟（2010）根据增长经济学、制度经济学、产业经济学以及博弈论等相关的理论和方法对中国区域经济发展的影响因子进行了比较深入的论述，认为我国东部、中部、西部的物质资本、人力资本和技术进步等影响因子存在很大差异。研究发现，1978 年以来，我国东部地区的劳均资本持续快速增长，目前已远远超过了中西部地区，而且还在进一步拉大。东部地区的资本边际产出一直高于中西部地区，说明东部地区对物质资本仍然具有较强的吸引力，资本的边际产出与对外贸易、市场化程度以及教育投入等影响因子显著相关。我国的人力资本分布也极不平衡，东部地区无论是在教育支出还是在教育质量上都明显高于中西部地区。从全社会来看，人力资本服从正态分布，人力资本水平在不断上升，而人力资本差异却在逐渐扩大。从计算的结果来看，我国全要素生产率以每年 2.32% 的平均速度增长，东部地区的技术进步要明显快于中西部地区。全要素生产率与对外贸易、教育投入、市场化程度以及基础设施等影响因子显著相关。

此外，黄新飞（2010）从国际贸易、周吉梅（2010）从技术进步、徐现祥等（2010）从政府行为、李郇等（2010）从城市化、区域一体化对我国省域经济增长进行了分析。从国内学者对经济发展影响因子的分析不难看出，他们主要集中在对国内不同区域的研究，均为本研究提供了有益的借鉴。因为不同区域的经济发展水平均代表了该地的地方特色，离开了地方因子研究区域经济发展将误入歧途。

2. 绝对和条件趋同影响因子研究

所谓绝对趋同就是指不以经济的任何其他特征为条件，在人均量上贫穷区域趋于比富裕区域增长更快的假说被称为绝对趋同；条件趋同是指在一旦控制了稳态的情况下，更低的初始人均收入就趋于产生更高的人均增长率的意义上表现为条件趋同。

对绝对（条件）趋同的研究大致经历了以下两个阶段：传统趋同假说阶段和空间拓展阶段（刘迎霞，2010）。在传统趋同假说阶段，按照其出现的先后顺序，人们对趋同的研究开始于绝对趋同，当绝对趋同无法解释经济的持续增长而陷入困境时，一些西方的经济学家开始转向在不同条件（影响因子）下是否会出现趋同现象，即条件趋同的研究。而在空间拓展阶段，主要进行空间语境下趋同假说的研究，所用方法主要是空间计量经济学的方法，但这种方法相对于传统的趋同研究方法并不是独立存在的，它包括正式和非正式的截面方法、面板方法等。

（1）传统趋同假说阶段的影响因子分析

Baumol（1968）利用从1870年起100年间劳动生产率水平这一影响因子及增长率时间序列数据，对覆盖当今16个工业化较早的国家进行了分析，结果发现，初期劳动生产率水平与随后一个世纪内劳动生产率平均增长率之间存在显著的负相关，意味着劳动生产率水平初始差距赋予了后进国家更高的劳动生产增长率，说明了绝对趋同是当今工业化国家群体过去100年间的一种增长态势。De Long（1988）利用劳动生产率的平均增长率以及初期的劳动生产率水平这2个影响因子，在Baumol所选16个当今成功的富裕国家的基础上，又新增加了6个具有趋同潜力的国家。通过对这22个国家的相关历史数据进行计量分析，De Long没有发现劳动生产率平均增长率与初期劳动生产率水平之间存在强有力的负相关。De Long因此告诫人们不能想当然地认为各国的长期人均收入会趋于一致。Barro等（1991）分别考察了自1840年起100多年间美国各州、自1950年起35年间西欧各地区、自1960年起25年间OECD各国和自1960年起25年间既包括发达国家又包括欠发达国家样本数为98的国家集合的趋同情况。结果显示，在所有考察时期内，美国各州、西欧各地区、OECD各国分别呈现出显著的趋同态势，而且美国各州、西欧各地区、OECD各成员国的趋同速度均为大约每年 2%。不过，没有证据表明趋同是样本数量为 98 的国家集合的一种增长态势。

从以上学者研究的结果可以看出：绝对趋同是存在的，但不具有普遍性，样本及其影响因子的选择直接影响了被考察的区域是否存在趋同，由于空间趋同俱乐部同样也不具有普遍性这一特性，因此，在选择空间趋同俱乐部的影响因子时，对空间趋同俱乐部影响不明显的指标要进行调整，经调整后的指标若还不显著，那么这一影响因子就应该剔除。

对于条件趋同影响因子的研究相对较多，Barro（1991）对覆盖 98 个国家、跨度从 1960 年起 25 年间的历史数据进行了计量分析，发现以各国人均 GDP 平均增长率为因变量、以初期人均 GDP 水平为自变量的单元线性回归分析没有能够找到二者之间存在显著的负相关的结论。不过，以各国人均 GDP 平均增长率为因变量、以初期人均 GDP 水平和初期人力资本水平这两个影响因子为自变量的多元回归分析得出了人均 GDP 平均增长率与初期人均 GDP 水平之间存在显著负相关的结论。这样，Barro 就获得了有条件趋同而非绝对趋同的证据。Barro 等（1997）通过对相关 98 个样本国家的历史数据进行了更为详尽地分析，发现这些国家所呈现出的趋同态势仅是一种有条件意义上的趋同。只有附加了各国初期学生入学率和各国初期政府支出占 GDP 比重等影响因子后，才在线性回归分析中得以体现，这些国家在考察期内的经济增长才呈现趋同态势。

Mankiw 等（1992）认为，各国均衡状态的决定性因素并不一致，各国的均衡状态可能存在很大差异。Mankiw 等根据新（内生）增长理论，选取了可能对各国均衡状态产生决定性影响的因子如投资增长、人口增长和学生入学率等，利用历史相关数据，对三组不同国家样本集合的可能趋同态势分别进行了实证研究。第一组样本集合既包括发达国家又包括不发达国家在内的覆盖面比较广泛的 98 个国家构成。第二组样本集合包含 75

个国家，是从第一组中除去那些人均收入主要取决于某些特定影响因子如石油和其他自然资源的国家。第三组样本集合只包含22个OECD国家。通过对覆盖这三组不同样本国家集合的相关数据进行线性回归分析发现，没有证据表明绝对趋同是样本数量为98和样本量为75的国家集合的增长态势。但是，有足够证据表明绝对趋同是样本数为22的OECD群体的增长态势。另一方面，在所考察的时期内，这三组样本国家集合均呈现显著的有条件趋同态势，且趋同速度每年约为2%。

从国外条件趋同的案例分析可以看出，不同的条件趋同，其影响因子不同，因此，在选取空间俱乐部趋同的影响因子时，不同的空间俱乐部应分别根据各自的区位、政策、制度、外贸、技术等不同影响因子分别进行分析，不可选取有代表性的影响因子对所有的空间俱乐部进行分析，这样可能导致部分空间俱乐部趋同的影响因子丢失，影响了分析结果，以致得出错误的结论。

国内对于趋同的研究多集中在绝对趋同及条件趋同上（覃成林、张伟丽，2009），从国内现有的研究文献中不难发现，对绝对趋同和条件趋同影响因子的研究有所涉及，但专门研究绝对趋同和条件趋同影响因子的文献并不多见。

覃成林等（2007）借助条件趋同回归模型，利用河南省的工业化、城市化、开放化、市场化、信息化等影响因子数据，引入条件趋同回归模型，回归的结果显示：工业化、城市化、开放化、市场化、信息化是影响中国区域经济增长稳态的影响因子，是中国区域经济增长趋同的条件。根据我国改革开放前后，影响区域经济增长的影响因子不同，覃成林等还采取了分时段的方法进行回归分析，发现改革开放前INDU（工业化）和URBA（城市化）这两个影响因子改善了趋同模型，t值检验也比较显著，说明INDU和URBA这两个影响因子对于1952—1978年的省际经济增长趋同具有重要影响。加入虚拟变量后，模型的拟合度有了很大提高（R_2由原来的0.113提高到0.560，F值由原来的31.896提高到238.910），这说明区域因素对趋同具有显著影响。对改革开放后的经济增长趋同回归结果显示：INDU（工业化）、MARK（市场化）、INFO（信息化）、OPEN（开放化）这四个影响因子对中国各省之间经济增长存在显著的条件趋同，URBA（城市化）这一影响因子则没有通过显著性检验。从模型中虚拟变量的加入以及模型的显著程度可以得出，在回归模型中若加入的影响因子穷尽的话，地区虚拟变量的加入不会显著，若地区虚拟变量显著，说明还有其他影响区域稳态的影响因子未被列出。

从以上分析可以看出，在条件趋同回归模型中加入区域虚拟变量，是检验条件趋同影响因子是否遗漏的较好方法，这为空间趋同俱乐部影响因子的筛选和检验提供了很好的借鉴，同时，区域虚拟变量的加入也明显地提高了模型的拟合度，这很好地为空间俱乐部趋同影响因子的选择提供了借鉴。

（2）空间拓展阶段趋同影响因子研究

考虑空间效应的趋同研究，大多是从验证β趋同假说开始，并比较引入空间因素前后趋同速度大小变化的角度进行的。所运用的方法也是对传统增长趋同回归模型进行扩展，借助计量经济学和空间计量经济学，考虑空间效应在经济增长过程中的作用（Lopez-Bazo et al，1999；Rey & Montouri，1999；Lall & Yilmaz，2001；Carrington，2003；Ertur，Le Gallo & Baumont，2006）。研究表明：当加入和考虑空间效应的影响因子时，能够对影响区域经济增长的过程进行定性和定量分析。

Armstrong（1995）、López-Bazo et al.（2004）认为，在分析区域经济体间的不平衡时，区位条件与空间距离起了很大作用。作者引入了区位、不同国家之间的距离等空间影响因子，运用空间计量经济学中的空间自相关，对欧盟区域动态和趋同进行了分析和检验。结果表明，欧盟一体化过程凸显了区域水平上的经济不平衡问题，而且，趋同过程在70年代末期发生停止。

Rey & Montouri（1999）考虑空间依赖等因素的前提下，发现美国各州在20世纪收入有一个较低的趋同速度。当考虑空间依赖时，在相同的系统中，趋同过程中出现结构断点的结论也不是稳健的。然而，关于空间依赖，仍需要用它扩展增长回归解释空间异质性的不同来源。实际上，低收入国家能否赶上高收入国家的问题出现后，大量检验国家之间收入趋同性的研究表明，多数国家间的收入差距并没有呈现出趋同趋势，但在部分特征相似的国家间这种趋同还是存在的。正如 Rigby & Essletzbichler（1997，2002）所揭示的那样，考虑到生产技术这一影响因子在空间变迁的经验性证据，那么假设在一个国家中，所有的区域存在单一稳态的状况是不可能的。

Cermeno 运用马尔可夫转移模型分别对57个国家、100个国家、所有的 OECD 国家和美国各州不同样本影响因子进行了分析，不仅实证检验了趋同的存在，而且还发现低增长组呈现出不稳定性的特征，而高增长组却相对稳定；在世界范围内，只有少数国家在整个样本时期内始终留在高增长组内，而在最后几十年，所有的 OECD 国家和美国的绝大部分州均一直保持高增长态势。

Carrington（2003）认为，在世界上富裕区域和贫穷区域存在地理上显著差别的典型事实较易得到认可，但是在趋同分析中考虑区位条件这一影响因子的经验性研究却很少。他以每一个区域的增长不仅依赖于自身的特征而且还依赖于其邻居区域特征的论断作为出发点，提供了区域趋同中区位作用的定量估计。结果表明，二十世纪九十年代，在欧盟内部反作用力在发挥影响，尽管确实以接近2个百分点的速度发生趋同，但是区域的邻居却几乎以相同的速度趋异，这导致了趋同的净效应要小于以往文献中所报告的速度。

Ertur，Le Gallo & Baumont（2006）给出在估计欧洲138个区域1980—1995年间，β趋同过程中空间依赖和空间异质性的影响。作者以结构非稳定性的形式检测了空间俱乐部趋同的空间依赖和空间异质性。运用空间误差模型估计的结果表明，趋同过程在俱乐部之间是不同的，作者同时还得到了一个显著的空间溢出效应，即一个给定区域人均GDP的平均增长率受到邻居区域平均增长率的影响。

从国外空间拓展下的趋同研究来看，区位条件是研究空间趋同必不可少的影响因子，避开区位条件，进行空间俱乐部趋同研究将从根本上失去意义。Carrington（2003）认为，到目前为止，在趋同分析中，考虑区位条件这一影响因子的经验性研究却很少。Cermeno运用马尔可夫转移矩阵模型分别对57个国家、100个国家、所有的OECD国家和美国各州的研究表明，高增长组与低增长组的稳定性是不同的，比较来说，高增长组相对稳定，而低增长组则展现出不稳定性的特性。由于低增长组具有相对的不稳定性，因此，低增长组内趋同俱乐部的影响因子也是不断变化的。根据上述研究结论，本研究认为，在对中国空间俱乐部趋同的影响因子进行研究时，应主要研究高增长组内空间趋同俱乐部的影响因子，由于低增长组具有不稳定的特性，因此，分析低增长组内的空间趋同俱乐部的影响因子意义不大。

相对于国外对空间语境下趋同假说的研究，国内也有部分学者利用截面模型、面板模型开展了此方面的研究，但研究的内容紧紧局限在利用这些模型来检验趋同的存在，至于利用马尔可夫链和空间马尔可夫链来研究趋同的文献则相对较少，尤其是在空间语境下系统地研究趋同影响因子的文献就更少了。

3. 俱乐部趋同影响因子研究

为了消除区域经济体间的异质性对应用新古典增长模型检验趋同假说所带来的影响，Barro & sala-I-Matin（1991），Quah（1996a），Galor（1996），Ben David（1998）等相继提出了俱乐部趋同的概念。俱乐部趋同是指结构特征相似的一组区域的经济增长收敛于相同的稳态。显然，俱乐部内部的各成员之间是同质的，这与新古典经济增长模型的假设更吻合。

与条件趋同相比，俱乐部趋同还是一个有待证明的假设。对俱乐部趋同的研究，目前还处于是否存在俱乐部趋同的识别与检验阶段，而且有关的实证研究工作也是有限的（Fischer and Stirbock，2006）。关于俱乐部趋同影响因子研究的文献并不多见。

对俱乐部趋同的研究，国外是从 20 世纪 90 年代开始的，他们的研究主要是采取传统的计量方法（横截面回归方法，面板数据分析方法，时间序列分析方法等）、马尔可夫链方法等对趋同俱乐部进行识别和检验。例如，Gallo（2001）对欧洲 138 个地区在 1980—1995 年间的俱乐部趋同研究，Tsionas（2002）对希腊各俱乐部趋同研究，Baumont 等（2003）利用 1980—1995 年间 138 个欧洲区域的人均 GDP 数据考察了欧洲区域经济增长俱乐部趋同情况，Fischer 等人（2006）考察了欧洲 25 个国家的 256 个区域在 1995—2000 年间的趋同过程。他们在分析俱乐部趋同时，考虑的影响因子主要有初始年份的人均 GDP、人力资本水平、教育水平及产业结构等。

国内对区域经济增长趋同俱乐部的研究，主要集中在对绝对趋同和条件趋同的研究，至于专门对俱乐部趋同的研究，其文献很少。关于对中国区域经济增长俱乐部趋同影响因子的研究，现有的文献提供了多方面的解释，概括起来主要有区域政策（贺灿飞等，2004），产业结构（魏后凯，1997），人力、资本、物资等要素的投入水平（王小鲁、樊纲，2004），市场化及城市化水平（刘夏明等，2004），地区间固定效应（魏后凯，1997；刘夏明等，2004），基础设施水平（贺灿飞等，2004），等等。沈坤荣、马俊等（2002）对目前绝大多数文献比较认可的影响因子进行了总结，主要有市场化程度、对外开放程度、产业结构、人力资本存量、地区虚拟变量等对俱乐部趋同的影响给予阐述。许召元、李善同（2006）对俱乐部趋同的各种影响因素进行了全面检验，结果认为，地区间的固定效应、基础设施水平、平均受教育水平以及城市化水平等是导致区域经济增长分异的影响因素，而要素投入的边际收益递减和各地区间技术知识的较快扩散，也是促进俱乐部趋同不可忽视的因素。另外，市场化程度、固定资产投资率、产业结构等影响因素在不同的时期对趋同的影响不同。此外，覃成林等（2009）以 1978 年、1982 年、1985 年这三个具有改革开放意义的年份为初始点，依据 CART 方法，获得了更加符合俱乐部趋同定义的最优区域分组，以及各俱乐部趋同的待检影响因子信息，对中国俱乐部趋同影响因子进行了详尽的述评。文章根据俱乐部趋同的特征，同时考虑到数据的可获得性，作者选取了俱乐部趋同的初始条件、结构特征以及我国的经济体制转轨和对外开放等影响因素，经过筛选作者选取了反映经济增长惯性、对外开放程度、人口增长与结构、产业结构、市场化水平、投资水平、金融水平、基础设施水平、政府干预程度、受教育程度以及区域发展政策等 11 个影响因素作为 CART 分析中的预测变量，依据 CART 区域分组过程中各影响因子的重要性，初步判断中国区域经济增长趋同的重要影响因素有市场化水平、投资水平、对外开放程度和就业结构这 4 个影响因素，同时考虑区域政策也是我国改革开放以来影响中国区域经济增长的不可忽视的影响因素，为了便于比较，作者把初始人均 GDP 水平也纳入到俱乐部趋同影响因素假设的检验之中，借助条件趋同回归模型，采取逐步引入变量的方法，对 6 个影响因素逐一进行了分析，结果显示，在这 6 个影响因素中只有市场化水平和区域政策这两个影响因素通过了显著性检验。

通过以上对国内、国外俱乐部趋同影响因子的分析，本研究认为，CART 方法是进行区域经济增长趋同分组较为科学的方法，同时也是俱乐部趋同区域分组方法中较为复杂的方法。其次，利用 CART 方法进行区域分组，可以直接把俱乐部趋同的各影响因子的按照影响程度的大小显示出来，可是这种方法只能分析截面数据，而对面板数据却无法进行分析。最后，有些影响因子对俱乐部趋同虽有显著影响，根据俱乐部趋同的定义，既不符合俱乐部趋同的初始条件，又不符合俱乐部趋同的结构特征，但这些影响因子确实对俱乐部趋同有影响，比如区域发展政策这一影响因子，因此，在俱乐部趋同影响因子检验时，也应考虑这些影响因子。

4. 空间俱乐部趋同影响因子研究

对空间俱乐部趋同的研究，是在时间维度俱乐部趋同概念的基础上发展而来的，时间维度的俱乐部趋同，是把各个研究区域的发展过程视为“孤岛”的情况下进行的，也就是说忽视了空间效应在俱乐部趋同中的作用。这一点受到了 Quah 以及近年来空间计量经济学者们的批判。目前，对于空间俱乐部趋同并没有认可程度较高的概念表述，多数学者只是提到了空间俱乐部趋同说法，并没有给出其具体精确的内涵。

覃成林（2004）利用面板模型以及马尔可夫转移概率矩阵，对中国区域经济增长趋同及分异进行了研究。蒲英霞、马荣华等（2005，2006）利用马尔可夫链对江苏省“俱乐部趋同”的演变特征进行了分析，研究结果表明，区域发展战略和区域发展政策的差异是导致江苏省区域经济极化的最主要驱动力，市场因素对于苏南地区的空间趋同起到了很大的促进作用。不难看出造成江苏省俱乐部趋同的影响因子主要有政策因素和市场因素。此外，还有一些影响因子也不可忽视，比如，历史因素、地理环境等。覃成林、唐永（2007）利用马尔可夫链和空间马尔可夫链对河南区域经济增长俱乐部趋同进行了研究。结果表明，河南存在高收入、低收入、中高收入以及中低收入4个趋同俱乐部，其中，高收入趋同俱乐部的稳定性最强，呈现出连片扩张的趋势。造成这种结果的一般影响因子是高收入俱乐部拥有较好的经济基础和增长条件（矿产资源丰富和开发相对集中），在区际联系中居于领先和支配地位。低收入区域均为广大的平原农业区或者矿产资源相对贫乏，生态环境脆弱的山区，经济基础差，基础设施落后，在区域经济发展竞争中处于弱势地位。此外，在空间语境下对区域经济增长趋同研究的还有潘竟虎、石培基（2007），他们对甘肃省区域经济增长俱乐部趋同进行了研究，张伟丽（2009）对中国区域经济增长俱乐部趋同的研究，刘迎霞（2010）对长三角、珠三角以及京津唐地区经济增长趋同的研究。刘迎霞等（2010）认为，空间俱乐部趋同是指经济增长的初始条件和结构特征相似且空间上相邻的一组区域的经济增长收敛于相同的稳态。相应地，这组区域就组成了一个空间趋同俱乐部。与时间维度的俱乐部趋同相比较，空间趋同俱乐部有两个主要特征。一是发生俱乐部趋同的区域不仅在初始条件和结构特征等方面相似，而且在空间分布上是一阶相邻；二是强调区域经济增长的空间相关性和异质性对趋同所产生的影响，本研究也将其作为导致空间俱乐部趋同的影响因子。

从以上专家、学者对空间语境下的趋同俱乐部研究不难发现，区位条件、地理环境是影响俱乐部趋同很重要的影响因子，带有很强的地域特色。通过比较马尔可夫转移概率矩阵元素和空间马尔可夫转移矩阵中的元素，可以了解一个区域的经济增长类型变动与周边邻居区域经济增长类型转移的影响，上述研究结论，对选择空间趋同俱乐部影响因子的解释变量具有重要的参考价值。

上述分析不难看出，目前关于空间俱乐部趋同的文献较少，现有的文献只是对空间俱乐部趋同概念、识别和检验等方面的尝试探讨，对空间俱乐部趋同更为深入的研究文献还不多见，至于对空间俱乐部趋同影响因子研究的文献就更少了。

（五）国内外现有文献对中国俱乐部趋同的研究

1. 国内文献中对中国俱乐部趋同的研究

为了便于梳理国内有关俱乐部趋同的文献，本研究从研究者选用的方法、对于俱乐部趋同形成的解释，以及研究中存在的问题等几方面分别进行综述。

（1）传统计量方法

对于中国俱乐部趋同的研究，目前大多文献是利用横截面概念检验俱乐部趋同，来证实初始人均收入和它的增长率之间的负向关系，而且绝大多数得到的结论为东、中、西等 3 大区域内部，或者沿海、内陆内部存在俱乐部趋同（刘强，2001；沈坤荣、马俊，2002；林毅夫、刘培林，2003；王志刚，2004；徐现祥、舒元，2005 等）。蔡昉、都阳（2000）认为东部和中部都呈现显著的趋同趋势，而全国和西部地区均没有显示出有趋同的趋势。彭国华（2005）利用动态面板数据分析后发现 3 大地区中只有东部地区存在俱乐部趋同。而刘夏明等（2004）认为 1980—2002 年间在各区域内部不存在俱乐部趋同。仅有少量文献运用了时间序列方法研究了我国的俱乐部趋同问题，如，陈安平，李国平（2004）运用时间序列分析方法考察了 1952—2001 年，我国东部、中部和西部 3 大地带内部及之间的俱乐部趋同情况，结果表明，东部和西部形成了两个趋同俱乐部，而中部和 3 大地区间不存在俱乐部趋同。张鸿武（2006）得到的结论为 1952—2004 年，我国各区域间不存在随机性趋同，而 1978—2004 年 3 大地带内部都存在俱乐部随机趋同现象。刘赫宁、王乐（2007）根据 Hobijn 和

Franses（2000）提出的渐进完全俱乐部趋同和渐进相对俱乐部趋同，对1952—2003年我国省际俱乐部趋同进行了研究，结果发现改革前存在13个渐进完全趋同俱乐部和11个渐进相对趋同俱乐部，改革后存在19个渐进完全和13个渐进相对趋同俱乐部。

（2）马尔可夫链方法

国内利用马尔可夫链及空间马尔可夫链研究俱乐部趋同的以蒲英霞、覃成林及徐现祥等人为代表。如，徐现祥、舒元（2005）利用我国沿海和内陆各省的劳均GDP的Kernel密度图研究俱乐部趋同，结果发现，在整个80年代，中国省区增长分布呈现出“单峰状”，进入90年代，明显呈现“双峰状”，形成了沿海与内陆两个趋同俱乐部。蒲英霞等（2005）采用空间马尔可夫链方法，将江苏省县域人均GDP趋同的时间特征和空间特征完全结合在一起，探讨了区域的转移情况与其邻近区域类型之间的内在联系，进而了揭示江苏省区域经济演变过程的时间及空间特征。蒲英霞等（2006）基于马尔可夫链方法考察了江苏省县域经济在1978—2004年期间的增长演变情况，认为江苏省在发达地区和欠发达地区形成了两个趋同俱乐部。覃成林、唐永（2006）利用马尔可夫方法对河南省126个研究区域1990—2004年的俱乐部趋同问题进行了研究，通过分析研究发现，这些区域经济增长形成了高收入、中高收入、中低收入和低收入4个趋同俱乐部。

上述研究均无法避免马尔可夫链方法的缺陷，即缺乏理论模型的解释力，而且，绝大多数文献无法准确地解释空间关系的概念原则，即为何要选用某种原则定义空间关系，这样得到的空间关系是在什么样的含义下的空间关系？

（3）空间计量方法

目前国内利用空间计量方法来研究趋同的文献较少，其中专门研究俱乐部趋同的文献更少。吴玉鸣、徐建华（2004）采用空间计量方法及面板数据模型分析了中国31个省级区域经济的增长集聚及其影响因素。经研究发现，中国省域经济增长具有明显的空间依赖性，而且，虽然外商直接投资、国际与区际贸易、人力资本、技术创新等因素对中国区域经济增长的贡献非常重要，但这些因素并没有改变经济地理规则，经济增长因素在地理空间上的非均衡集聚导致了不同的区域经济增长格局。林光平等（2004）采用空间计量方法，使用1978—2002年间中国28个省市人均GDP数据研究中国经济增长的σ趋同情况，研究中分别设定了地理空间及经济空间两个权重矩阵，通过检验，选择合适的空间计量模型，估计结果表明，在考察期内省区人均GDP趋于σ趋同。

高见（2006）在其硕士学位论文利用空间自相关、马尔可夫链、空间马尔可夫链、空间计量等方法较为深入地研究了中国1952—2003年省区俱乐部趋同，并认为中国区域经济增长中存在时间和空间两方面的俱乐部趋同，时间方面形成贫穷和富裕两个俱乐部，而空间上形成东部沿海和中西部两个聚集中心，同时发现区域经济的增长与其邻居区域（环境）的增长之间存在较强的依赖性，空间要素（空间外溢、空间自相关、区位）在区域经济增长趋同中具有重要作用。该文是国内从空间计量角度系统的研究俱乐部趋同问题的较早文献，借助空间计量方法在俱乐部趋同中的应用做了大量有益的尝试，但是，文中的区域分组仍然是沿用马尔可夫方法中常用的预先设定法，前面也讲过这种方法如果设定不同的临界点就有可能得到不同的结论，而且文中对于俱乐部趋同的形成机制并没有进行深入的探讨。

总之，目前国内以空间计量方法为主要手段来研究俱乐部趋同的文献还较少，这些少量的文献还存在区域分组不十分科学的问题，而且并没有对其形成机制进行深入的研究。

(4) 中国俱乐部趋同的形成机制研究

目前，国内文献主要关注俱乐部趋同存在性的检验上，对于其形成机制的研究则相对较少，而且也没有形成一个系统的机制解释框架。

蔡昉和都阳（2001）的研究认为，我国东部与中西部地区之间不同的经济稳态主要是由人力资本禀赋的差异、制度或体制对市场机制的贴近程度等所导致。刘强（2001）认为，大规模劳动力的区际迁移是中国地区间经济增长条件趋同的重要诱发因素。沈坤荣等（2002）通过建立经典的条件趋同回归方程，并采用逐步引入变量的方法，对中国东部、中部、西部等3个趋同俱乐部的形成进行了解释，实证结果表明，人力资本、外贸依存度、工业化进程及地区虚拟变量等都显著地解释了俱乐部趋同的形成。林毅夫、刘培林（2003）认为，是否符合比较优势的发展战略影响了东部、中西部俱乐部趋同的形成。王启仿（2003）认为基期的国内生产总值和人力资源禀赋、市场化发育程度、投资率、工业化水平、劳动力参与率及区位等是江苏省俱乐部趋同形成的原因。徐现祥、李郇（2004）认为，在我国城市层面上同时存在新古典增长理论和新增长理论所强调的趋同机制。徐现祥、舒元（2005）借助O'Neil（1995）框架发现，进入90年代正是由于沿海内地之间在物质资本积累上存在“看不见”的逐渐扩大的“鸿沟”，沿海、内地出现双峰趋同。彭国华（2005）通过动态面板数据分析后，认为似乎TFP的趋同导致了收入的趋同。罗仁福、李小建、覃成林（2002）认为，东部先行优势对长期稳态值有巨大影响。

2. 国外文献中有关中国俱乐部趋同的研究

国外专门研究中国各地区俱乐部趋同的存在性及其形成机制的文献较少，较有代表的文献如Ying（2000）利用探索性空间数据分析方法，从中心－外围的观点验证中国空间经济的扩散效应。文中的实证结果表明中国最明显的经济溢出效应发生在与广东省邻近的省份，其中海南和广西这两个沿海省份具有最显著的扩散模式，而内陆省份湖南和江西则存在着较强的极化模式，以及沿海优先发展的区域政策是决定中国空间经济扩散－极化过程的根本力量。Ying（2003）首先利用1978—1998年中国各省份的产出增长数据，提供了由于忽视空间滞后依赖而导致计量方程形式不恰当的有力经验证据。接着采用Anselin的空间滞后模型估计了决定增长的重要因素是非农业劳动力、制造业生产、资本市场和实际外商直接投资。同时，文中得到的空间滞后变量的估计系数表明中国的空间经济中存在着显著的极化现象，意味着作为市场化过程，由要素流动、转移支付和技术扩散而产生的溢出效应在趋同过程中发挥了作用。

此外，与俱乐部趋同研究关系比较紧密的是对于中国区域不平衡发展的各种解释，这些解释有助于进一步研究中国俱乐部趋同的形成机制。主要有，Tsui（1991）检验了财政分权对区域不平衡的影响，并发现分权和地区不平衡间的关系在1985年以前是积极的正向关系。Lee（1994）研究了外商直接投资和区域发展差距之间的关系，并认为外商直接投资的地区差异加大了中国的区域失衡。Young（2000）考虑了地方保护在解释中国区域差异中的作用。他展示了大量证据表明改革时期的地方保护有提高的趋势，并认为这个可能加大了中国区域的收入差距。而有些学者认为，地理因素和区域选择性政策是沿海地区经济增长的主要因素（Fleisher and Chen，1997；Démurger et al，2001）。Zhang和Fan（2004）认为所有类型的投资在最不发达的西部地区减少了区域不平等性，然而在沿海地区和中部地区的投资却有加重区域不平衡的趋势。另外，在农村的教育投资和西部区域的农业研发投资都对缩小区域差距产生了极大作用。Liang（2006）通过对我国29个省份1990—2001年的面板数据分析，检验了区域金融发展对经济增长的影响，其经验分析结果表明，金融发展显著地推动了沿海地区的经济增长，而在内陆地区却没有体现这种作用。

总之，国外文献中对于中国的区域经济是否存在俱乐部趋同，如果存在那么其形成机制怎样等问题的研究较少，大量的文献集中于检验中国省际的绝对β趋同和条件趋同，少量研究如 Ying（2000，2003）主要是从空间计量的角度验证中国空间经济的溢出效应的存在，并探索这种效应产生的原因，其工作的基础是中心—外围理论，实际上也是俱乐部趋同形成的理论基础，但是文中没有鉴别并验证趋同俱乐部的存在及构成，因此，只能算作是与中国俱乐部趋同研究相关的工作。此外，部分文献还对中国东部、中部和西部之间，或者沿海和内陆之间的经济发展不平衡问题进行了解释，这些解释对于研究中国俱乐部趋同形成机制具有一定借鉴意义。

（六）国内外相关研究存在问题

1. 国外研究存在问题

纵观当前国内外现有的研究文献，国外对趋同的研究相对较早，伴随着研究视角由起初不考虑区域间的相互关系，发展到重视区域间相互影响的转换，俱乐部趋同假说的识别及检验方法也得到了改进。目前，国外对俱乐部趋同的研究文献相对较少，大多文献主要集中在趋同、俱乐部趋同的识别和检验上面，至于对俱乐部趋同影响因子研究的文献还不多见，更缺乏对俱乐部趋同影响因子进行分类和定量的研究文献；另外，国外学者对俱乐部趋同的研究，由于受到数据模型的限制，多数关于俱乐部趋同的研究文献主要借助截面回归模型进行，但对于不同类型的趋同俱乐部，其形成时间不一，形成时间的长短也不尽相同，这就很难用截面回归模型来客观地反映出各趋同俱乐部的形成、演变以及成员的更替，更不能准确地反映出俱乐部趋同的重要影响因子，以及重要影响因子对俱乐部趋同的作用程度。鉴于上述这种情况，国外一些专家、学者试图利用空间面板模型来解决这些问题，取得了一些成果，但由于受统计数据量的大小和软件的限制，其研究深度，一直未能深入下去，至于利用空间面板数据，系统地分析俱乐部趋同影响因子的文献就更少了。

国外的相关研究存在的问题主要集中在以下几个方面：

（1）对俱乐部趋同的界定还不完善

如前文所述，目前学术界对于什么是俱乐部趋同并没有形成统一的认识，时间维度的俱乐部趋同概念及空间维度的俱乐部趋同概念均存在各自的缺陷。另外，采用不同的检验方法识别出的趋同俱乐部不尽相同，对趋同俱乐部的理解也不同，这一点在目前的俱乐部趋同概念中却没有明确的界定。绝大多数的国外文献并没有将关注的目光投向俱乐部趋同研究的最基本的概念问题，而是在实证检验俱乐部趋同假说上花费了大量的精力，这就形成了当前对俱乐部趋同概念的界定仍然不完善的现状。

（2）俱乐部趋同识别的理论基础和方法框架不完善

现有的文献都陷入了以方法论为中心，而忽视理论和政策含义的怪圈。Abreu 等（2004）在一篇评论中指出，只有 11% 的研究所用的模型是明显地来源于理论。因此，本研究认为，重视分析俱乐部趋同识别方法的理论基础，并在其之上构建俱乐部趋同的识别方法框架，是把俱乐部趋同研究引向深入的需要。

（3）区域分组的方法有待进一步完善

俱乐部趋同识别的首要问题——区域分组还没有得到圆满的解决，主要表现在各种内生的区域分组方法都存在各自的缺陷。分类回归树分析方法和等级聚类算法可以综合考虑各种影响经济增长的因素，得到的区域分组更加符合 Barro 等经典的俱乐部趋同概念所要求的区域条件，但是，这两种方法都没有将区域之间的相互联系考虑在内，而且除此之外，分类回归树分析方法还存在回归技术手段比较单一，未将更加科学的广义最小二乘法和广义矩方法包括在内的缺陷。而等级聚类算法，存在选用不同的聚类方法可能得到的区域分组结果不一致的缺陷。探索性空间数据分析方法弥补了上述两种方法未考虑区域间相互联系的缺陷，但是，该方法往往仅仅根据一个经济指标（通常为人均 GDP）来进行区域分组，因此，这样得到的同一区域组内满足 Barro 等经典的俱乐部趋同概念提出的经济增长初始条件相似，但不一定满足该概念同时提出的结构特征相似，而且，空间权重矩阵的选取影响了结果的稳健性。总之，分类回归树分析方法和等级聚类算法可以弥补探索性空间数据分析方法未能综合考虑影响经济增长的各种因素的缺陷，而探索性空间数据分析方法又弥补了分类回归树分析方法和等级聚类算法未能将区域间的相互联系考虑在内的缺陷，而且，在这 3 种方法中，目前只有分类回归树分析算法可以将影响区域分组的较为重要的因素提取出来，进而有利于对俱乐部趋同形成机制的进行探讨。总之，在俱乐部趋同研究中所采用的区域分组方法，无论是外生的方法，还是内生的方法，都各有其优缺点。由于区域分组是俱乐部趋同研究的第一步，区域分组的结果直接影响到俱乐部趋同检验的结果，因此，如何根据俱乐部趋同的概念，探索更加科学、全面的区域分组方法是一个值得重视的问题。

（4）俱乐部趋同机制研究不足

俱乐部趋同研究不仅要识别出区域经济增长过程中是否存在俱乐部趋同，以及存在什么样的趋同俱乐部，更重要的是要揭示俱乐部趋同发生变化的内在机制，这样才能够从中获取真正有价值的区域经济调控政策信息。然而，目前对俱乐部趋同机制的研究还处于分散的解释性分析状态。一是所选择的分析因素因研究者的“偏好”和具体的分析案例而异；二是因素选择缺乏扎实的理论依据；三是即使发现了某些因素对俱乐部趋同有作用，但是无法知道其是如何发生作用的。因此，随着研究的深入，需要从区域经济增长的投入与产出关系、从时间过程和空间关系等 3 个方面，探讨俱乐部趋同机制的分析框架。

（5）有关中国各区域俱乐部趋同的研究较少

少量研究如 Ying（2000，2003）主要是从空间计量的角度验证中国空间经济溢出效应的存在，并探索这种效应产生的原因，但是文中并没有鉴别并验证趋同俱乐部的存在以及构成，因此，只能算作是与中国俱乐部趋同研究相关的工作。

2. 国内研究存在的问题

我国学者对趋同及俱乐部趋同的研究起步较晚，研究文献主要集中在以省域为研究单元，研究的内容主要集中在俱乐部趋同的识别和检验上，而后提出一些政策性的意见或建议，针对影响因子的研究相对不足。研究的视野较窄，仅仅从经济发展的某一个方面进行考虑，缺乏对影响经济增长的各因素进行定性、定量分析。另外，我国学者对研究区域没能够按照科学的分组方法进行分组，没有紧扣俱乐部趋同的概念，而是按照我国传统的行政区划进行分组，严格说来这种分法是不科学的，也是缺乏依据的，如何进行科学的分组也是当前我国学者进行俱乐部趋同及其影响因子研究的一个问题，也是目前我国学者最为棘手的问题。此外，我国学者对俱乐部趋同的研究深入不够，更缺乏对空间趋同俱乐部影响因子的研究以及各影响因子对空间俱乐部趋同的形成和演进机制的研究，多数学者的研究文献主要应用空间计量模型强调地理因素在趋同过程中的重要作用，没有将地理因素和其他影响俱乐部趋同的因素结合起来进行综合考虑。

具体来讲，我国学者对俱乐部趋同的研究存在的主要问题如下：

（1）大多数研究俱乐部趋同问题的文献并没有紧紧扣住俱乐部趋同的概念来进行区域分组。有的以我国的政策区划分为东部、中部、西部等，有的根据世界银行的标准，以初始人均 GDP 的水平进行区域分组，而这些区域分组方法对于检验俱乐部趋同来说实际上都不是很科学的。因为，按照 Barro 等俱乐部趋同的经典概念，只有在经济增长的初始条件和结构特征等方面都相似的区域之间才有可能存在俱乐部趋同。而由国家政策划分的 3 大（或 4 大）地带内部各区域的共同点仅仅在于享受区域政策几乎相同，而按照世界银行的标准进行的区域分组也仅仅满足了同一类型内部的各区域之间经济增长的初始条件相似。因此，如何科学地划分区域，已成为国内俱乐部趋同研究中的首要问题。

（2）大量经验文献仅利用横截面概念的趋同，来证实初始人均收入和它的增长率之间的负向关系。然而，如果经济体表现出多个长期均衡，横截面检验趋向于可疑地拒绝没有趋同的原假设（Bernard and Durlauf, 1996）。在这种情形下，就要用到随机趋同的概念，而国内有关随机趋同方面的文献较少。

（3）对于俱乐部趋同形成机制的研究不够深入，并没有找到俱乐部趋同背后的形成原因。多数文献仅仅关注于检验中国是否存在俱乐部趋同现象，待解决俱乐部趋同存在后就不再或者较为肤浅的探寻其背后的机制。因此，至今还没有形成可以从根本上解释俱乐部趋同现象的机制。

（4）绝大多数文献都是以我国的各省作为研究对象，少数文献（蒲英霞等，2006；覃成林等，2007）将研究对象进一步细化到县域，但这样的研究都集中于某一省份内部。李小建、乔家君（2001）将视野扩展到全国的县域，但他们研究的是县际的经济差异，没有涉及县际的趋同问题。总之，从研究对象来看，要么是比较大的省份，要么是较小的某一省份的县域，而对处于中间层次的地区（地级市）则研究的较少。有的学者以我国的城市为研究对象，如，徐现祥、李郇（2004）对我国 216 个地级及其以上城市的趋同问题进行了研究，结果发现了与省区以及县域趋同模式不同的是，我国城市经济增长存在σ趋同和绝对β趋同。那么，地级市的经济增长趋同模式如何，则没有进行更为详尽的研究。

（七）国内外相关研究对本研究的启示

鉴于国内外对俱乐部趋同的研究还处于起步阶段，从概念的界定到模型的运用，再到俱乐部趋同的形成机制，俱乐部趋同的影响因子研究等还有大量需要完善的地方，还需要进行进一步的研究和探讨。尽管如此，国内外专家学者的研究成果，还是为本研究提供了很好的借鉴：①从研究区域的分组或俱乐部趋同的识别。国内外学者大多运用探索性空间数据方法，利用ArcGIS9.3软件计算Moran's *I*系数，根据Moran's *I*系数的大小，将研究区域进行分组，通过对生成的Moran's *I*散点图进行可视化分析，可得到不同年份、不同区域组的成员构成。②空间俱乐部趋同检验。国内外学者大多采用在同一空间区域组内进行绝对β趋同模型的OLS估计，同时根据考察得到的诊断性检验值，为最终确定检验空间俱乐部趋同，依据哪种模型进行检验提供了依据。目前，用来检验俱乐部趋同的模型主要有空间滞后模型、空间截面模型和空间误差模型。但是，空间滞后模型如果用OLS估计将会产生不一致的结果，需要采用最大似然法MI或者工具变量法IV进行估计；空间误差模型在对空间俱乐部趋同进行检验时，若变量参数有偏估计，利用OLS的回归数值进行推断可能产生误导，此时该模型需要用ML或者GMM（高斯混合模型）进行估计。③当前，对俱乐部趋同影响因子研究的文献较少，何江等（2006）在空间固定效应模型中，分别引进空间滞后被解释变量和空间滞后误差项，得到了具有固定效应的空间滞后模型和固定效应的空间误差模型，采用LSDV和混合OLS估计及检验的结果分析，得出了中国区域经济增长及其趋同性，同时也得出了影响中国区域经济增长趋同的重要影响因子及其它们对俱乐部趋同的作用程度。覃成林、张伟丽（2009）利用分类回归树（CART）方法，不仅将研究区域进行了很好的分组，而且还得到了各影响因子的解释变量对俱乐部趋同的作用程度，根据其对区域分组作用的程度，按照从大到小的顺序将各解释变量逐一列出，就完成了俱乐部趋同影响因子筛选。这些解释变量所测度的影响因子是否对俱乐部趋同产生了重要作用，还需要对这些解释变量进行检验。覃成林、张伟丽等（2009）借助β趋同回归模型，采取逐步引入变量的方法，并剔除不显著的影响因子，最终完成了对各解释变量所测度影响因子的检验。尽管该模型能够很好地将研究区域进行科学的分组，同时得到解释变量所测度影响因子对俱乐部趋同作用的程度，但是，笔者认为，对空间俱乐部趋同影响因子的筛选和检验不能依据分类回归树（CART）方法，因为此方法只能对空间截面数据进行分析处理。对空间俱乐部趋同影响因子筛选，应选择具有空间效应的面板模型进行处理，因为利用某一年的截面数据，筛选俱乐部趋同的影响因子具有很大的偶然性，因此，单靠某一年的截面数据，很难准确地筛选出研究时段内该空间趋同俱乐部的重要影响因子，所以，对空间俱乐部趋同影响因子的筛选，既要考虑影响因子的空间滞后性，同时还应考虑影响因子存在的空间误差，为了提高模型的拟合度还需在模型中加入空间虚拟变量，以便能够把所有显著的影响因子筛选出来。据此，本研究将选用固定效应的空间滞后模型和固定效应的空间误差模型来完成空间俱乐部趋同影响因子的筛选。④在进行影响因子检验时，靠单一的检验模型进行检验，从某些意义上来说，缺乏说服力，为了能够准确有效地将空间俱乐部趋同的影响因子检验出来，本研究将依据β趋同回归模型和固定效应的空间滞后模型进行严格的双重检验，这样不仅可以把影响空间俱乐部趋同的影响因子检验出来，根据固定效应的空间滞后模型所做的主成分分析，得到各影响因子对空间俱乐部趋同的作用程度，按照影响因子对该空间俱乐部趋同的作用程度大小，可以最终确定该空间俱乐部趋同的重要影响因子、比较重要的影响因子和一般影响因子。

（八）本研究进一步深化研究的问题

从现有的研究文献以及上面的分析结果来看，本研究认为，应进一步深化研究的内容有以下几点：①依据探索性空间数据分析方法，将研究区域进行科学分组；②依据空间滞后模型、空间截面模型和空间误差模型对可能存在趋同的组别进行检验；③构建固定效应的空间滞后模型和固定效应的空间误差模型，对空间俱乐部趋同的影响因子进行筛选。④影响因子检验是本书研究的重点内容，为了确保重要影响因子在检验时不被遗漏，本研究将采取严格的双重检验，根据双重检验的结果和各影响因子对空间俱乐部趋同的作用程度，确定各空间趋同俱乐部的重要影响因子、比较重要的影响因子和一般影响因子。

第 3 章

中原经济区空间俱乐部分组与检验

一、研究的地域单元与数据来源

（一）研究地域单元

本研究的地域单元是依据 2011 年 9 月 29 日通过的《国务院关于支持河南省加快建设中原经济区的指导意见》中确定的中原经济区 30 个城市（市域）为研究单元，具体各省份所在中原经济区的地级市见表 3－1（济源市是一个县级市，因为济源市是河南省直管县级市，为了研究需要，本研究将济源市视为地级市一同进行研究），但山东省的东平县和安徽省的凤台县以及潘集区，本研究则没有对其进行研究。各地级市在中原经济区的地理位置见（图 3－1）。

表 3－1　中原经济区各省份地级市构成

省份	城市数量	城市名称
河南省	18	郑州市　开封市　洛阳市　许昌市　平顶山市　漯河市　焦作市　新乡市　商丘市　安阳市　周口市　驻马店市　信阳市　南阳市　濮阳市　鹤壁市　三门峡市　济源市
安徽省	5	阜阳市　蚌埠市　宿州市　淮北市　亳州市

续表

省份	城市数量	城市名称
山西省	3	长治市　晋城市　运城市
河北省	2	邢台市　邯郸市
山东省	2	聊城市　菏泽市

说明：济源市因是一个省管县级市，为研究需要，本研究将济源市视为地级市进行研究；另外山东省的东平县、安徽省的凤台县和潘集区，因其区域太小，本研究将不对上述两县和一区进行研究。

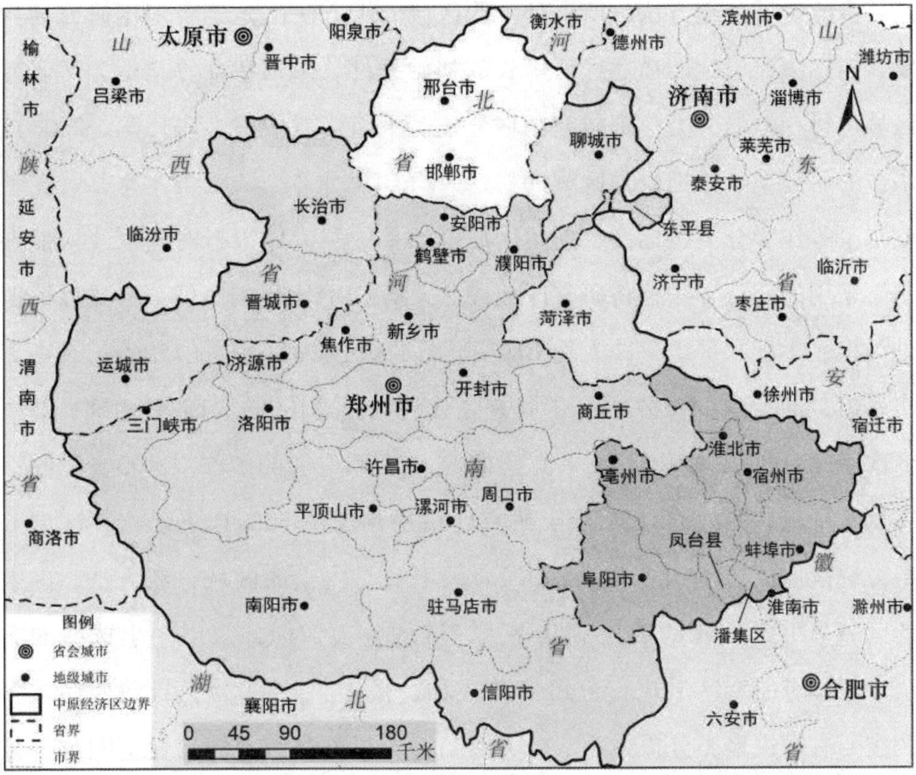

图3－1　中原经济区各城市分布图

（二）数据来源

数据主要来源于2001—2017年的中国城市统计年鉴、河南省统计年鉴、城市年鉴、山东省统计年鉴、山西省统计年鉴、安徽省统计年鉴、河北省统计年鉴以及2001年至2017年中原经济区所包含的30个城市的统计年鉴。

二、区域分组

区域分组的方法较多，但应用较多的主要有以下两种划分方法：一种是外生的区域分组方法，所谓外生的区域分组方法就是笔者根据研究的需要，运用事先设定的描述经济增长的初始条件、结构特征等指标，对研究区域进行相似的分类，把研究区域分成若干组（覃成林、张伟丽，2008）。多数的研究文献是把研究区域的初始人均GDP水平、人力资本水平、受教育水平等作为分类指标，目前使用最多的是按照世界银行对国家经济发展水平采用的分类方法，将研究区域按照人均GDP水平的高低划分成以下四种类型：①高水平组，即人均GDP高于研究区域平均值的150%；②中高水平组，即人均GDP水平介于研究区域平均值的100%～150%之间；③中低水平组，即人均GDP水平介于研究区域平均值的50%～100%之间；④低水平组，即人均GDP低于研究区域平均值的50%以下。这种区域分组方法被广泛应用（Gallo，2001）。另一种是内生的区域分组方法，内生的区域分组方法就是事先不设描述区域的各项指标，采用内生选择的方法，对所有研究区域进行分组（覃成林、张伟丽，2008）。目前使用较多的主要有等级聚类分析方法、分类回归树分析方法以及探索性空间数据分析方法等。由于人为设定标准对研究区域进行分组，在很大程度上带有笔者的主观因素在内，在科学上也缺乏相关的实施依据。现在越来越多的研究者倾向于内生的区域分组方法，使用这一方法的主要好处在于避开了过多人为因素的干扰，直接应用模型进行计算，根据计算结果进行分组，这在一定程度上避开了外生区域分组方法中人为因素的干扰，因而更具科学性。由于影响区域增长的因子种类繁多，而且抽象，若用外生的区域分组方法对研究区域进行分组，有可能造成影响区域经济增长的一些因子的遗失。鉴于此，本研究将采用内生区域分组方法中的探索性空间数据分析方法（ESDA）对中原经济区所包含的30个城市进行分组。

探索性空间数据分析方法是空间数据分析方法和统计技术的综合集成，主要是以测度空间自相关为核心，以获得空间相关系数为目的，实现地理信息系统软件支撑下的区域分组方法。探索性空间数据分析方法主要有以下两部分组成：一是构建空间权重矩阵；二是测度空间自相关，利用 Moran's *I* 系数的大小，分析研究区域的自相关程度，把研究区域划分成四个不同的区域组，利用 Moran's *I* 散点图获得各个区域组的组成成员。

（一）构建空间权重矩阵

构建空间权重矩阵对研究区域经济增长趋同是必要的而且也是必需的，这是因为方差—协方差矩阵（在存在空间自相关的情况下）包含很多只能使用截面数据来估计的参数，在通常的地理统计方法里，方差—协方差矩阵里的元素往往被解释为两两观测对象之间距离的直接函数，在栅格方法里，方差—协方差矩阵和空间权重矩阵的选择，间接的服从空间过程的形式。但是，不论是空间权重矩阵还是方差—协方差矩阵对于模型必须是外生的，即构建的矩阵中不能包括任何外生或内生的变量，否则，经验模型将变得高度非线性，由于这一原因，以研究区域单元的相邻性构建空间权重矩阵是最普遍的选择（Abreu，2005）。

构建空间权重矩阵的方法有多种，比如依据研究区域空间是否相邻、依据研究区域的空间距离、依据研究区域的邻近和距离的混合权重或者其他非二进制类型以及二进制类型等等。

Baumont 等（2003）学者对不同类型的距离权重矩阵进行了广泛的讨论，他们认为，距离的概念是十分普遍的，以“社会距离”为基础的权重矩阵，或以“经济距离”为基础的权重矩阵等。然而在这两种情形下产生的问题，正如 Anselin（1997）和 Bernard（1995、1996）等所指出的那样，在选择社会经济权重指标时，应特别注意保证它们的外生性，除非它们的外生性在模型设定中已经被明确地考虑了，即无法完全保证其外生性。而强调权重对于模型应该是外生的，这一点十分重要，可以避免由 Manski（1993）文献中指出的社会科学中的鉴别问题。因此，绝大多数文献中的距离，均指纯地理范畴的距离。如，Rumayya 等（2005）采用的是简单的二进制邻近矩阵、Niebuhr 采用的是纯地理范畴距离的反指数函数、Baumont 等（2003）采用的是纯地理距离的反平方函数。

在构建空间权重矩阵时，本研究采用的是空间一阶相邻来构建空间权重矩阵，用 W 来表示，计算公式见式 1－1。

（二）测度空间自相关

空间自相关可以理解为价值相似与地理位置相似的一致，当某个变量的相似性在空间上集聚时，空间自相关就表现为正的；相反，当某个变量的差异性在空间上集聚时，空间自相关就表现为负的。当与收入差异相结合时，空间相关就意味着富裕区域倾向于在空间上聚集，而贫穷区域也倾向于在空间上聚集。富裕区域和贫穷区域在空间上的集聚现象，可由探索性空间数据分析方法得到的 Moran's *I* 散点图得到验证。

空间自相关指数可以由探索性空间数据分析方法得到的 Moran's *I* 系数（Baumont et al，2003）或 Getis-Ord 统计量（Fischer，Manfred and Stirböck，2006）来测度，进而进行区域分组。Moran's *I* 系数的计算公式为（Anselin，2000、2002、2003）式 1－2。从 2000—2016 年中原经济区 30

个城市按照人均GDP计算出的空间相关系数（Moran's *I*）见表3－2和图3－2。

表3－2　中原经济区30个城市的空间相关系数

年份	Moran's *I* 值	P检验值	s. d 值	年份	Moran's *I* 值	P检验值	s. d 值
2000	0. 3281	0. 0013	0. 0298	2009	0. 4206	0. 0010	0. 0294
2001	0. 3467	0. 0010	0. 0311	2010	0. 3533	0. 0010	0. 0322
2002	0. 3489	0. 0010	0. 0330	2011	0. 3680	0. 0010	0. 0329
2003	0. 4219	0. 0010	0. 0327	2012	0. 3779	0. 0010	0. 0316
2004	0. 4488	0. 0010	0. 0315	2013	0. 3871	0. 0011	0. 0333
2005	0. 4385	0. 0015	0. 0328	2014	0. 4229	0. 0010	0. 0292
2006	0. 4357	0. 0010	0. 0288	2015	0. 4115	0. 0010	0. 0300
2007	0. 4409	0. 0010	0. 0317	2016	0. 4331	0. 0010	0. 0286
2008	0. 3905	0. 0010	0. 0331				

注：对Moran's *I* 值的统计检验是在随机的重新排列过程中进行的，也就是要把观测值随机排列，而后重新计算其统计值，这样经过若干次计算后生成一个标准的分布，然后把得到的统计值与这个标准分布进行对比，算一个虚拟的显著性水平。因重新排列是随机的、无序的，所以每次检验的结果都可能会存在细微的差别；另外，标准分布是大量的随机排列生成的，所以检验的结果与随机排列的次数有很大关系，因此，本文采用了一个较大的样本，以999次重新排列的结果进行统计检验。

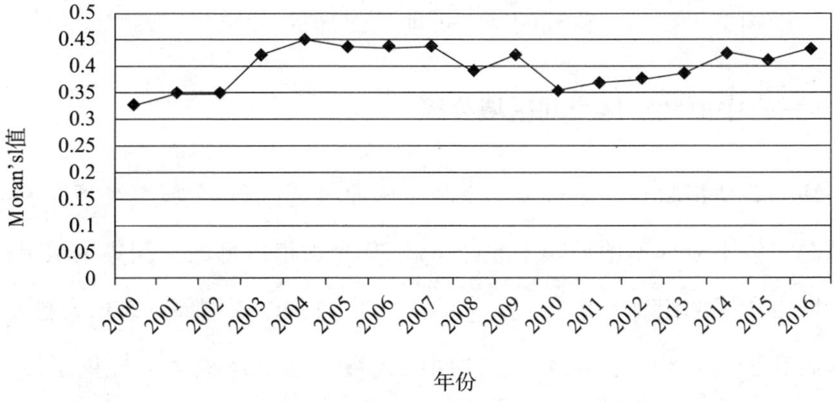

图3－2　2000—2016年中原经济区人均GDP的Moran's *I* 系数变化

从表 3 - 2 可以看出，中原经济区 30 个城市的 Moran's *I* 的检验值（p 检验值）基本上均在 0.001 附近，即通过了 99% 的检验，而且，为了得到较为准确的 Moran's *I* 指数，本研究经过 999 次随机的重复排列计算，经计算得到的统计标注差见表 3 - 2 中的 p 栏值。由表 3 - 2 可以很清楚地看出各年份的 Moran's *I* 指数的标准差（s. d 值）也较小，仅在 0.3 左右浮动，这些均表明 Moran's *I* 指数反映的人均 GDP 的空间自相关是可信的，说明中原经济区在地级市（市域）尺度上的区域经济增长具有较强的空间相关性，各研究区域之间并不是相互独立发展的封闭经济体。

此外，从图 3 - 2 可以看出，Moran's *I* 在 2000—2016 年，总体上呈现出上升趋势（图 3 - 2），2004 年空间自相关系数达到最高，为 0.4488，2004—2007 年相对比较平稳，2007—2010 年有所下降，这是由于受我国的经济结构调整以及世界金融危机的影响所致。2010—2016 年逐步上升，表明中原经济区各经济体间经济发展的空间相关性逐步加强。中原经济区各经济体之间的空间自相关的事实，拒绝了传统研究方法中的被观测值之间相互独立的假设，因此，在处理这些带有空间特征的数据时，忽略了空间因素的影响是不妥的，得到的结论可能是误导的。

（三）中原经济区空间区域分组

Moran's *I* 指数在一定程度上反映了中原经济区 30 个城市经济发展自相关情况，但不能详尽地反映中原经济区 30 个城市内部的空间集聚状况以及具体城市所属的组别。事实上，Moran's *I* 指数是以观测值（X）为自变量，以滞后算子（WX）作为因变量的回归系数。这就从根本上提供了深入研究 Moran's *I* 指数及其空间自相关的方法，即以（X，WX）作散点图，一方面由散点拟合成直线的斜率在数值上就是 Moran's *I* 系数；另一方面，坐标系把以点表征的区域划分为 4 个不同的组（HH 组、HL 组、LL 组和 LH 组），这就是 Moran's *I* 散点图，这样就可以很清楚地看出中原经济区不同经济发展水平的城市在这四个组里的分布情况，为了方便研究，本研究将把 HH 组所包含的成员归为经济发达地区，HL 组及 LH 组所包含的成员归为经济相对发达地区，LL 组所包含的成员归为经济发展欠发达地区。根据本研究的研究时段以及我国的经济发展转型和受世界金融危机的影响，绘制了 2000 年至 2016 年中原经济区 30 个城市的 Moran's *I* 散点图，为了更为直观，本研究选取了研究时段两端（2000 年、2016 年）以及中间三个关键年份（2005 年、2008 年、2010 年）的 Moran's *I* 散点图。（见图 3 -3、3 -4、3 -5、3 -6、3 -7）。

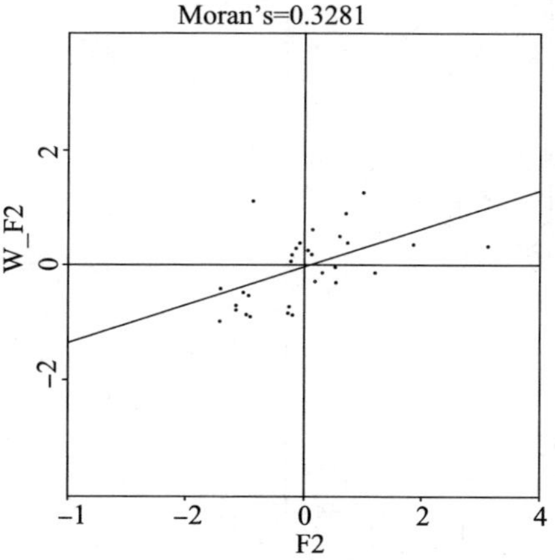

图 3 -3　2000 年 30 个城市 Moran's 散点图

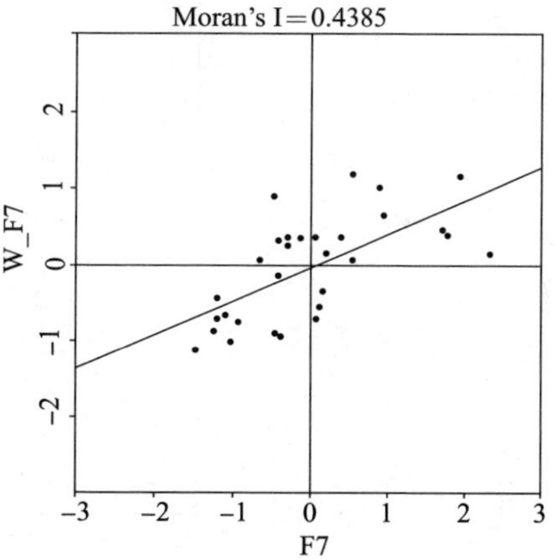

图 3 -4　2005 年 30 个城市 Moran's 散点图

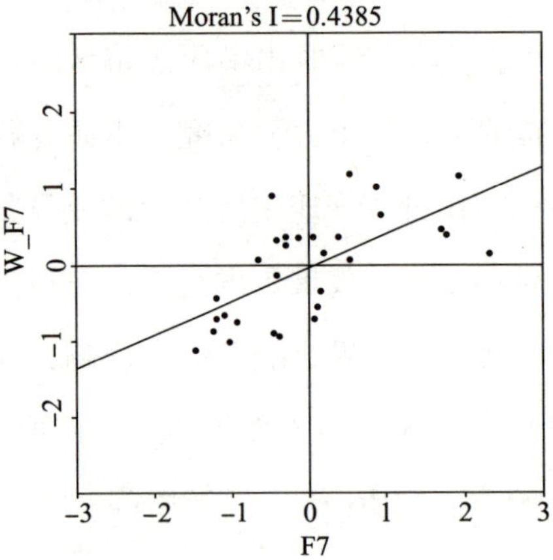

图 3-5　2008 年 30 个城市 Moran's 散点图

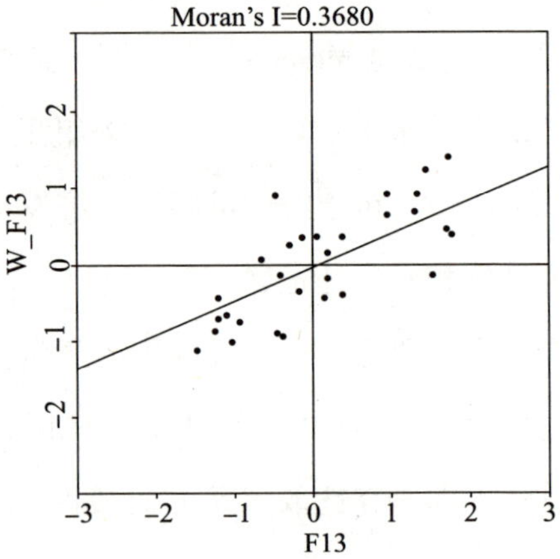

图 3-6　2011 年 30 个城市 Moran's 散点图

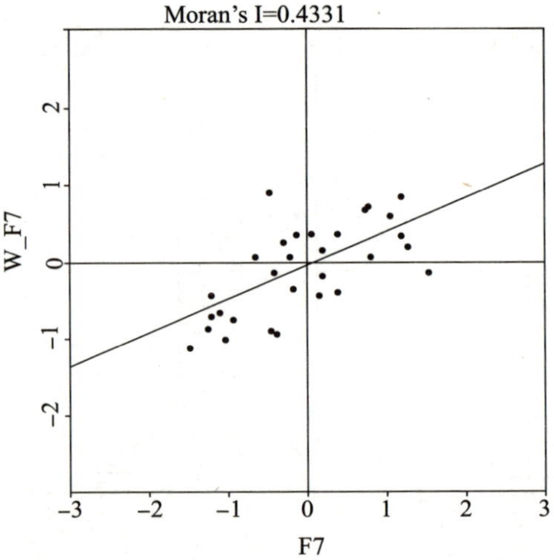

图 3-7　2016 年 30 个城市 Moran's 散点图

将 2000—2016 年中原经济区 30 个城市的 Moran's *I* 散点图可视化后，确定了各组（HH 组、HL 组、LH 组及 LL 组）相对比较稳定的成员，得到了中原经济区不同经济发展水平的城市分组如下，见表 3-3：

表3-3　中原经济区30个城市按经济发展水平的区域分组统计表

组别	城市名称	城市数
HH	郑州市、洛阳市、平顶山市、焦作市、漯河市、许昌市、济源市、新乡市、晋城市	9
HL	淮北市、安阳市、鹤壁市、南阳市、开封市、蚌埠市、邯郸市、信阳市	8
LH	濮阳市、邢台市、三门峡市、运城市、长治市、聊城市、驻马店市	7
LL	亳州市、宿州市、商丘市、菏泽市、阜阳市、周口市	6

三、中原经济区空间俱乐部趋同检验

依据Moran's *I*散点图所得到的区域分组（HH组、HL组、LL组及LH组），只是根据探索性空间数据方法对研究区域进行的科学分组，各组是否存在空间俱乐部趋同现象，需要进行检验。空间俱乐部趋同检验的目的就是针对上述具有空间自相关特性的区域组进行辨别，检验各组是否存在空间俱乐部趋同现象，把上述的4个区域组中存在空间俱乐部趋同的区域组检验出来。

本研究按照Barro和Sala-I-Martin的经典定义，首先构建β趋同回归模型，在同一组内进行OLS检验，根据检验的初步结果以及考察所得到的诊断性检验值，作为空间计量模型选择依据。另外，为了确定研究区域的空间依赖的形式（空间滞后或空间误差），利用拉格朗日乘数检验值（即White值，有LMERR、LMLAG）及其稳健性进行判断。Anselin（1998a）和Florax（1995）提出的决定原则为，如果LMLAG比LMERR更显著，而且RLMLAG显著但RLMERR不显著，那么，用于判断的合适模型就是空间滞后模型。相反地，如果LMERR比LMLAG更显著，且RLMERR显著但RLMLAG不显著，那么合适的判断模型即为空间误差模型。这一部分的研究，主要依据新古典经济增长理论的基本假设来进行。

（一）构建检验模型

俱乐部趋同检验是依据本研究构建的空间滞后模型（式1－5）、空间误差模型（式1－9）和空间截面模型（式1－6），根据OLS检验的结果，从上述三个模型中选择合适的模型进行检验。

（二）检验结果分析

通过对中原经济区各分组的检验，可以判断中原经济区各分组是否存在趋同现象以及各组的趋同的速度。中原经济区空间俱乐部趋同检验主要分为以下几步进行：

第一步，借助经典的β趋同回归模型，采用OLS回归，检验结果如表3－4所示，表中“（）”内为对应回归系数的P值。

表3－4　空间俱乐部趋同检验结果（经典的趋同模型）

区域 / 回归结果	全区 [OLS]	HH组 [OLS]	LL组 [OLS]	HL组 [OLS]	LH组 [OLS]
回归系数					
α	0.01335 (0.00178)	0.21110 (0.00223)	0.17001 (0.00010)	0.10903 (0.01980)	0.22230 (0.05105)
β	0.01730 (0.00000)	－0.00652 (0.26120)	－0.00037 (0.76920)	－0.01410 (0.35623)	－0.01527 (0.26540)
模型检验					
R^2	0.39038	0.01626	0.00017	0.02100	0.01359
LIK	684.237	156.522	422.142	78.793	89.662
AIC	－142.569	－290.361	－810.330	－189.762	－190.334
SC	－1521.359	－280.373	－989.220	－189.366	－186.291
sigma sq.	0.00073	0.00020	0.00028	0.00077	0.00051
诊断检验					
误差正态性检验					
JB	44.56321 (0.08864)	1.42384 (0.50012)	2.32964 (0.28764)	4.92564 (0.08645)	2.98522 (0.19654)

续表

回归结果＼区域	全区 [OLS]	HH 组 [OLS]	LL 组 [OLS]	HL 组 [OLS]	LH 组 [OLS]
异质性检验					
BP	21.64583 (0.50284)	0.79520 (0.34512)	1.01856 (0.27651)	0.28651 (0.46522)	0.95643 (0.30562)
KB	8.65372 (0.39663)	1.14692 (0.28001)	1.29887 (0.26327)	0.23990 (0.60194)	0.89643 (0.35894)
模型稳健性检验					
White	26.89760 (0.33045)	1.59643 (0.44039)	1.70268 (0.41227)	2.50199 (0.28861)	1.299802 (0.50197)
空间依赖诊断					
Moran's *I*	0.21564 (0.00000)	0.45632 (0.00001)	0.29563 (0.00000)	0.28669 (0.03161)	0.36528 (0.00000
LMERR	49.77560 (0.00000)	18.65201 (0.00000)	25.36840 (0.00000)	4.99511 (0.02991)	5.32369 (0.00853)
R-LMERR	11.32007 (0.00139)	3.99562 (0.03966)	14.33501 (0.00003)	4.36892 (0.03962)	2.55621 (0.08996)
LMLAG	47.0032 (0.00000)	16.85201 (0.00006)	10.98622 (0.00036)	0.79966 (0.38559)	7.33269 (0.00707)
R-LMLAG	4.70064 (0.02994)	2.90031 (0.10113)	0.44980 (0.44663)	0.00039 (0.96431)	2.36601 (0.04997)

第二步，根据第一步中 OLS 回归的空间依赖诊断结果从空间滞后模型（式 1－5）或者空间误差模型（式 1－9）中选择适宜的模型，用其检验各分组内是否存在俱乐部趋同现象。

从表 3－4 回顾 IDE 结果可以看出：经典趋同回归模型回归的结果在中原经济区范围内以及 4 个空间区域组内均不存在俱乐部趋同现象，虽然 4 个区域组中β的回归系数为负，但并不显著，最小值仅为－0.01527；另一方面，通过对回归结果的诊断性检验值来看，拟合度（R^2）普遍较小，最大值仅为 0.39038，残差正态性检验统计值（JB）最大为 HH 组的 0.50012，显著性不强，其他组也均未能通过显著性检验，这说明各组的残差均不服从正态分布，而异质性检验统计所得的 BP 值及 KB 值也均未能通过显著性的检验，说明各组均存在异质性。White 检验结果显示，模型的形式是不稳健的。根据空间依赖诊断的结果可知，中原经济区全区及 4 组内均存在显著的空间自相关，除 LH 组外，其余各组的 LMERR 均大于 LM-LAG，并且其显著性程度 R-LMERR 也均大于 R-LMLAG。因此，在中原经济区空间俱乐部趋同检验中，最合适的检验模型应为空间误差模型（式 1 –9）。LH 组的 LMLAG 大于 LMERR，且显著性程度 R-LMLAG 也大于 R-LMERR，因此 LH 组空间俱乐部趋同检验最为合适的模型就是空间滞后模型（式 1 –5）。

第三步，对各个区域组建立相应的形如 López-Bazo 等（1999，2004）提出的空间截面模型（式 1 –6），该模型不仅与地理溢出理论紧密联系，而且还将全局和局部的空间外部性联系在一起（Long，2003）。

第四步，根据第二步得出的结果，中原经济区全区、HH 组、LL 组以及 HL 组适合选用空间误差模型（式 1 –9），而 LH 组适合选用空间滞后模型（式 1 –5）及第三步构建的空间截面模型进行极大似然估计（即 ML），检验结果见表 3 –5。

表 3 –5　中原经济区空间俱乐部趋同检验结果

区域 回归结果	全区		HH 组		LL 组		HL 组		LH 组	
	ML-ERR	ML-CRS	ML-ERR	ML-CRS	ML-ERR	ML-CRS	ML-ERR	ML-CRS	ML-LAG	ML-CRS
回归系数										
α	0.03905 (0.00003)	−0.01006 (0.16359)	0.19940 (0.00000)	0.10967 (0.12990)	0.21309 (0.00000)	0.03077 (0.56632)	0.19044 (0.01989)	0.20145 (0.01007)	0.22878 (0.07140)	0.32101 (0.07799)
β	0.010996 (0.00000)	0.00507 (0.01545)	−0.01299 (0.01899)	−0.01510 (0.02300)	−0.00779 (0.04210)	−0.00496 (0.27993)	−0.00211 (0.39969)	−0.00305 (0.43266)	−0.00147 (0.44177)	−0.00090 (0.50110)
λ	0.86421 (0.00000)		0.94386 (0.00000)		0.90113 (0.00000)		0.60323 (0.00000)			
ρ		0.00607 (0.00501)		0.00033 (0.32144)		0.01609 (0.04233)		−0.00503 (0.21997)	0.13996 (0.00199)	−0.01607 (0.44063)

续表

区域 / 回归结果	全区		HH 组		LL 组		HL 组		LH 组	
	ML-ERR	ML-CRS	ML-ERR	ML-CRS	ML-ERR	ML-CRS	ML-ERR	ML-CRS	ML-LAG	ML-CRS
回归系数										
τ		0.45098 (0.00000)		0.47563 (0.00000)		0.35682 (0.00000)		0.07996 (0.22049)		0.13044 (0.00307)
趋同速度			0.01044	0.01611	0.00590	0.00031				
模型检验										
R^2	0.54986	0.50121	0.42007	0.32012	0.22380	0.20133	0.12254	0.17002	0.15644	0.20011
LIK	805.17	796.39	163.62	159.37	419.68	432.59	97.63	94.53	99.67	101.93
AIC	-156.36	-1439.42	-299.69	-310.31	-865.59	-830.22	-193.13	-186.60	-192.63	-193.01
SC	-1552.31	-1519.20	-311.54	-300.81	-875.09	-829.30	-190.77	-179.61	-190.65	-187.34
sigma sq.	0.00059	0.00054	0.00036	0.00040	0.00026	0.00020	0.00058	0.00069	0.00047	0.00030
诊断检验										
异质性检验										
BP	0.0001 (0.0890)	179.0328 (0.0000)	0.8977 (0.0364)	4.2399 (0.0151)	1.2654 (0.009)	9.8971 (0.0012)	0.9064 (0.0399)	0.9118 (0.0407)	0.2790 (0.0875)	0.6301 (0.0245)
空间依赖诊断										
LR	68.5907 (0.0000)	39.6469 (0.0000)	29.3640 (0.0000)	21.4632 (0.0000)	41.9807 (0.0000)	13.9662 (0.0002)	6.8051 (0.0059)	1.1604 (0.2986)	7.649 (0.0051)	7.4500 (0.0060)

注：括号内的数值为 P 值

上述模型的拟合度均显著高于传统的 OLS 回归的拟合度；异质性检验的 BP 值表明，各组几乎不存在异质性；而空间依赖诊断的 LR 值表明，各模型几乎均不存在空间依赖，即各模型都较好的控制了异质性。

从表 3-5 可以明显地看出：在各种模型下，只有 HH 组和 LL 组的β回归系数均显著为负，即仅在 HH 组和 LL 组内存在空间俱乐部趋同现象，且 HH 组的趋同速度要高于 LL 组的趋同速度，其中，利用空间误差模型和利用空间截面模型得到的 HH 组的趋同速度分别为 1.044% 和 1.611%；利用空间误差模型和空间截面模型得到的 LL 组的趋同速度分别为 0.590% 及

0.031%。从表3－5还可以明显地看出不论用空间误差模型还是空间截面模型所得到的趋同速度值，HH组总是远高于LL组的趋同速度，这说明在HH组内部成员组成相对比较稳定，而LL组的成员组成则处于不停地变化之中，稳定性较差，说明HH组在一定程度上存在空间俱乐部趋同的可能性远高于LL组。对于HH组而言，空间截面模型得到的趋同速度略高于空间误差模型得到的趋同速度；而对于LL组，空间截面模型得到的趋同速度却低于空间误差模型得到的结果，形成这样的原因主要是因为HH组的β回归系数的绝对值远高于LL组的绝对值，而且β系数均为负数，说明在HH组内，各俱乐部趋同成员受初始人均GDP水平的影响要远高于LL组内各成员受其初始人均GDP水平的影响，而且影响是负向的。

空间溢出方式是考察研究区域是否存在空间趋同俱乐部的一个很重要的根据，空间截面模型所得到的结果可以很明显地判定是否形成空间趋同俱乐部。对于上述得到的全区组、HH组及LL组而言，空间截面回归模型测度邻居加权初始人均GDP影响τ的估计值均显著为正（全区组的τ的估计值为0.45098、HH组的τ的估计值为0.47563、LL组的τ的估计值为0.35682，见表3－5）。测度邻居加权平均增长率影响的ρ的估计值在全区组及LL组内显著为正（其中，全区组的ρ的估计值为0.00607，LL组的ρ估计值为0.01609，（表3－5），而在HH组内测度的ρ估计值虽然也为正，但是其值较小仅为0.00033，结果并不显著。不仅ρ估计值的显著性程度不如τ，而且ρ估计值的数值均小于τ估计值的数值，由于邻居加权平均增长率影响的ρ的估计值是反映全局的溢出效应，而邻居加权初始人均GDP影响的τ的估计值是反映的局部溢出效应。因此，通过对估计得到的ρ的估计值与τ的估计值之间的比较可以很明显地看出，全区组、HH组及LL组内均存在显著的正向局部溢出效应，而全区组及LL组内还存在显著的正向的全局溢出效应，而全局的溢出效应远远小于局部的溢出效应。另外，HH

组内并不存在显著的全局溢出效应，仅存在局部溢出效应。从表3－5可以看出，HL组和LH组的τ的估计值和ρ的估计值只有LH组的τ值是显著的，其余的ρ值及τ值均不显著，而LH组的τ估计值显著为正，表明初始人均GDP较低的地区受到了与之相邻区域的初始人均GDP较高地区的正向的局部溢出影响。从表3－5还可以看出：其余的ρ的估计值及τ估计值均不显著，从它们的符号还可以发现HL组和LH组内ρ的估计值均为负，这说明属于这些组内地区的经济增长受到了其邻居地区经济增长的负向影响。而HL组和LH组内τ估计值均为正，说明属于这些组的区域经济增长受到了其邻居区域初始人均GDP的正向影响，即各地区与其邻居地区之间存在积极的局部溢出效应。

通过借助空间误差模型、空间截面模型以及空间滞后模型对研究区域进行回归计算，从计算的结果来看，在全区组内不存在空间俱乐部趋同现象；LH组以及HL组τ的估计值尽管为正，但不论是空间误差模型还是空间截面模型检验结果均没有趋同速度的显示，因此在这两个组内不可能发生空间俱乐部趋同现象；在HH组和LL组内，不仅τ的估计值显著为正，而且τ的估计值远大于ρ的估计值，在这两个组中存在明显的局部溢出，这说明在这两个组内必然存在空间俱乐部趋同现象。另外，从2000—2016年历年的Moran's *I*可视化散点图还可以看出，有9个成员始终比较稳定，一直都在HH组里面，这有力地说明了HH组的这9个成员组成了空间趋同俱乐部。稳定性较强的LL组成员有6个，从2000—2016年历年的Moran's *I*可视化散点图可以看出，LL组的成员在减少，说明LL组内的趋同俱乐部成员不稳定，影响LL组不稳定的因素是多方面的，而不是单一影响因子的作用结果，所以在分析LL组的空间趋同俱乐部的影响因子时，由于促使LL组空间俱乐部趋同的影响因子的复杂性，以及LL组中的成员在减少，基于这样一个事实，分析研究LL组中空间趋同俱乐部的影响因子就显得特别重要，通过其重要影响因子，可为与此相类似的贫困地区经济发展提供政策借鉴。

依据空间趋同俱乐部的概念，组成空间趋同俱乐部的成员一定在空间一阶相邻，否则，通过趋同检验组中的成员如若不是一阶相邻也不能进入该空间趋同俱乐部，按照上述原则，中原经济区在HH组和LL组内存在两个空间趋同俱乐部，各俱乐部的成员组成如下（见表3－6）：

表3－6　中原经济区各空间趋同俱乐部成员组成

空间趋同俱乐部	成员组成	数量
HH组空间趋同俱乐部	郑州市、洛阳市、平顶山市、焦作市、漯河市、许昌市、济源市、新乡市、晋城市	9
LL组空间趋同俱乐部	亳州市、宿州市、商丘市、菏泽市、阜阳市、周口市	6

从表（3－6）可以看出HH组和LL组空间趋同俱乐部的成员组成。从表3－6HH组空间趋同俱乐部成员的分布可以看出，中原经济区HH组空间趋同俱乐部成员共9个，分别为郑州市、洛阳市、平顶山市、漯河市、许昌市、新乡市、焦作市、济源市、晋城市，而且这9个成员在空间上一阶相邻，这9个成员就共同组成了中原经济区HH组空间趋同俱乐部。LL组有6个成员，分别是亳州市、宿州市、商丘市、菏泽市、阜阳市、周口市，且这6个成员在空间也是一阶相邻，那么，这6个成员就共同组成了中原经济区LL组空间趋同俱乐部。

四、小结

本章首先确定了本研究的地域单元及数据来源，通过构建空间权重矩阵，依据探索性空间数据方法，测度中原经济区30个成员从2000—2016年的空间自相关系数，发现从2000—2016年中原经济区的空间自相关系数整体呈上升趋势，借助从2000—2016年历年的Moran's I 可视化散点图，对中原经济区30个成员进行了区域分组，在此基础上，构建β趋同回归模型对各组进行OLS回归分析和White分析，依据分析结果，从空间滞后模型（1-5）、空间误差模型（1-6）以及空间截面模型（1-9）中选取适合的模型对各分组进行检验，根据检验的结果，判定各组（HH组、HL组、LH组及LL组）是否存在趋同现象，而后按照空间趋同俱乐部的概念，从存在趋同现象的组别中选取空间一阶相邻成员，那么，被选出的成员就共同组成了不同组别的空间趋同俱乐部。另外，通过对中原经济区历年Moran's *I* 散点图及可视化图还可以看出，中原经济区HH成员比较稳定，HL组及LH的成员稳定性较差，处于不稳定状态，每年均有变化，LL组的成员相对比较稳定，且成员的数量在不断减少。

第 4 章

中原经济区空间趋同俱乐部影响因子筛选

通过构建模型对中原经济区的 30 个地市进行分组和检验，发现在 HH 组及 LL 组存在俱乐部趋同现象，依据空间一阶相邻原则发现了中原经济区存在两个空间趋同俱乐部，即富裕地区（HH 组）空间趋同俱乐部和贫困地区（LL 组）空间趋同俱乐部，由于空间趋同俱乐部不具有“遍在性”这一特征，因此，其形成必然是由某些地方因素的影响所致，具有显著的地方特征。根据空间俱乐部趋同的初始条件、结构特征以及地方特色等影响因素，同时征求有关专家学者的意见和建议，本研究把导致空间俱乐部趋同的初始条件、结构特征和地方特征的各影响因子，分为地方因子和具有地方效应的全局因子两类，在此基础上构建测度各影响因素的解释变量。所谓地方因子，是指对区域经济增长的初始条件、结构变迁和空间外部性等有影响且易致其产生差异的影响因子；所谓具有地方效应的全局因子，是指这类影响因子从表面上看，对所有区域的影响都是一样的，但实际上，针对不同区域而言，其所产生的影响往往又表现出地方性（赵威，2017，2018）。

本研究以历年空间趋同俱乐部各成员的人均 GDP 增长率为因变量，以俱乐部各成员初始年份的人均 GDP 的常用对数和影响空间俱乐部趋同的地方因子和具有地方效应的全局因子为自变量，构建影响因子分析框架，利用构建的影响因子筛选模型，分别对中原经济区 HH 组空间趋同俱乐部及 LL 组空间趋同俱乐部的影响因子进行筛选，各空间趋同俱乐部筛选出的影响因子是否为该空间趋同俱乐部的影响因子，还需要进行严格的双重检验。

一、构建中原经济区空间俱乐部趋同影响因子框架

区域经济增长的初始条件，在以往的研究中，大多是用研究时段初始年份的人均 GDP。本研究通过大量阅读有关文献，认为需要对区域经济增长的初始条件及结构特征进行综合考察，不仅要考察研究区域初始年份的人均 GDP，而且还应综合考察研究区域内其他影响经济增长的重要影响因子。Barro（1997）通过对跨国公司直接对外投资经验的实证分析认为，影响经济增长的决定因子主要有：教育程度、投资率、贸易条件、法治水平等。Barro 的这一观点得到了大多数学者的认同。为此，本研究将根据 Barro（1997）等人的研究成果，同时考虑影响空间俱乐部趋同的地理环境及自然资源禀赋、信息与交通、人口与人力资源、投资水平、市场需求、区位条件、产业结构、科研开发等影响因子。

区域经济增长除受上述因子的作用外，还受国家的区域发展政策、区域发展战略、对外开放程度、市场化水平、教育发展以及技术进步等因子的影响。

从上述分析可以看出，空间趋同俱乐部的影响因子涉及区域经济发展的方方面面，从俱乐部趋同的影响因子本身来看，这些影响因子所包含的解释变量本身就很复杂。从以往的研究文献来看，关于俱乐部趋同的初始条件和结构特征至今还没有形成一个统一的认识。通过广泛征求国内外有

关专家和学者们的意见和建议，本研究把导致空间俱乐部趋同的影响因子分为地方因子和具有地方效应的全局因子两大类。

（一）地方因子

地方因子就是对区域经济增长的初始条件、结构特征和空间外部性等有影响且易致其产生差异的影响因子。包括地理环境及自然资源禀赋、信息与交通、人口与人力资源、投资水平、市场需求、区位条件以及产业结构等。

1. 地理环境与自然资源禀赋

反映地理环境与自然资源禀赋这一影响因子的指标，本研究选用了水资源量、城市绿化状况和人均耕地三个方面。

用 X_1 表示研究区域的年均降雨量（单位：mm/年）。用这一解释变量反映研究区域的水资源量。这是因为，这一指标不仅能在一定程度上反映研究区域的水资源量，而且能较好地反映出该区域的地理环境。由于水资源占有量在历年的《中国统计年鉴》、各省份的统计年鉴以及研究区域（各地市）年鉴上均没有进行统计，鉴于此，通过征求有关专家、学者的建议，本研究最终确定选用各地市的年均降雨量来替代。这是因为，一是各地市的年均降雨量这一指标比较稳定，不同年份之间偏差不大；二是各地市的年均降雨量，在一定程度上反映了该地市的地理环境。

用 X_2 表示城市绿化覆盖率（单位:%）。城市绿化覆盖率是城市各种类型的绿地，具体包括公共绿地、街道绿地、庭院绿地、专用绿地等，此外，由于水体面积具有调节气候，改善环境质量的作用明显，因此，本研究将城市面积较大的水体的面积也算作城市绿化面积之内。上述各类绿地面积及水体的合计面积占城市总面积的比率就是该城市的城市绿化覆盖率。城市绿化覆盖率的高低是衡量城市环境质量及居民生活福利水平的重要指标之一。当一个城市的城市绿化覆盖率达到或超过50%时，可以很好地保持城市环境质量。本研究用这一解释变量来反映研究区域的地理环境状况。

X_3 表示人均耕地面积（单位：亩/人）。用这一解释变量反映研究区域的资源禀赋。研究区域资源禀赋的变量有多种，如人均矿产资源的拥有量、人均水资源拥有量、人均耕地面积等，由于人均矿产资源拥有量以及人均水资源拥有量在现有的文献资料和各种年鉴上面均没有进行统计，缺乏相关的统计数据，在这些测度研究区域自然资源禀赋的解释变量中，唯一进行统计的解释变量就是研究区域的耕地面积，那么，研究区域的总人口这一统计数据在各种城市年鉴上面均可以查到，有了研究区域的耕地面积和总人口，即可得到研究区域的人均耕地面积。

2. 信息与交通

信息与交通这一影响因子主要有万人邮电业务量、铁路密度和公路密度三个指标来测度。

X_4 表示万人邮电业务量（单位：万元/万人）。用这一解释变量测度研究区域各地市的信息条件。根据我国权威的经济发展研究报告，2002年以来，我国各地市的邮政局分成了邮电局和电信局，相应的各地市的邮政业务量就分成了邮政业务量和电讯业务量，一般经济发达的地区，信息条件较好，信息化程度较高。因此，本研究采用了万人邮电业务量这一指标来测度研究区域的信息状况。

X_5 表示铁路密度（km/km^2）。在2001—2017年的《中国城市统计年鉴》、中原经济区各省份的统计年鉴以及研究区域各地市的统计年鉴上面，对铁路密度以及穿过各地市的铁路通车里程均没有统计。针对这种情况，本研究借助ArcGIS技术，把通往研究区域各地市历年铁路长度逐一测算，按照每条铁路建设的不同年份，把不同年份穿过各地市市域内的铁路长度相加，最终得到研究区域各地市不同年份的铁路长度，在具体计算过程中，本研究按照穿过市域内的实际铁路长度计算，复线、段管线、站线、岔线和特殊线以及不计算运费的联路线均不计算，以各地市不同年份的铁路通车里程除以该地市的面积，即得到研究区域各地市不同年份的铁路密度。

X_6 表示公路密度（km/km^2）。用这一指标来测度研究区域的公路条件，公路密度是由研究区域内各地市的公路里程除以研究区域相应地市的面积得到。公路里程是指在一定时期内，实际达到《公路工程技术标准 JTJ01－88》规定的等级公路，并经公路主管部门正式验收交付使用的公路里程数。它包括大中城市的郊区公路以及通往小城镇街道的公路里程，也包括桥梁、渡口的长度，但不包括大中城市的街道、厂矿、林区生产用道的通车里程。两条或多条共同经由同一路段，只计算一次，不重复计算里程的长度，有了历年研究区域各地市的公路通车里程，根据该地市的面积，即可得到研究区域各地市历年的公路密度。

3. 人口与人力资源

人口与人力资源这一影响因子由各地市的总人口、社会劳动者占总人口的比重、第二产业从业人数占该市社会总劳动者的比重和第三产业从业人数占该市社会劳动者的比重这 3 个解释变量来测度。

X_7 表示总人口（单位：万人）。总人口是指各地市在研究年份本年度的 12 月 31 日 24 时的人口总数。这一解释变量主要反映各地市的人口规模，同时在一定程度上也体现了研究区域的规模经济。

X_8 表示社会劳动者占总人口的比重（单位：%）。劳动者是一个含义非常广泛的概念，凡是具有劳动能力，以从事劳动获取合法收入，作为生活资料来源的公民都可称为劳动者。本研究所用的社会劳动者这一指标是指各级国家机关、党政机关、社会团体及企业、事业单位中工作，并取得劳动报酬的全体工作人员，具体包括在岗职工、再就业的离退休人员、民办教师、在各单位中工作的外方工作人员、港、澳、台人员、兼职人员、借用的外单位人员以及第二职业者，此外，社会劳动者还包括农村有劳动能力的劳动者。

X_9 表示第二产业从业人数占该市社会总劳动者的比重（单位:%）。第二产业包括煤炭开采和洗选业、石油和天然气开采业、黑色金属矿采选业、有色金属矿采选业、非金属矿采选业以及制造业，电力、燃气及自来水的生产和供应业，建筑业。凡是从事上述产业的人员均属于第二产业从业人员，第二产业从业人员占社会劳动者的比重可以看出研究区域各地市不同年份的工业化程度以及工业化进程。

X_{10}表示第三产业从业人数占社会劳动者的比重（单位:%）。第三产业是指除第一产业、第二产业以外的从事服务业、房地产业、金融业等相关的产业。凡是从事上述产业的从业人员均属于第三产业从业人员，第三产业从业人员占社会劳动者的比重可以反映该地市社会经济的发达程度，第三产业从业人员占社会劳动者的比重也间接的反映了研究区域第三产业的发展水平以及研究区域的经济繁荣程度和发展程度的高低，这一指标现已成为衡量现代社会发达程度的主要标志。

用 X_8、X_9、X_{10}这三个指标来测度研究区域劳动力结构，社会劳动者占总人口的比重反映了社会劳动者规模及劳动力资源比重；第二产业从业人数占该市社会劳动者的比重和第三产业从业人数占该市社会劳动者的比重，反映了研究区域的就业结构特征（Barro and Sala-I-Martin，1991；Galor，1996）。

4. 投资水平

投资水平，从根本上来说就是研究区域的资本积累水平，这一影响因子由研究区域全社会固定资产投资规模和全社会固定资产投资占 GDP 的比重这 2 个解释变量来测度。

X_{11}表示全社会固定资产投资规模（单位：万元）。全社会固定资产投资是以货币表现的建造及购置固定资产活动的工作量，具体包括基本建设投资、更新改造投资、房地产开发投资、国有单位的其他固定资产投资、城镇集体的固定资产投资、联营经济、股份制经济、外商直接投资、港澳台投资和其他经济类型的固定资产投资、城镇工矿区私人建房投资、国防、人防基本建设投资、农村集体 5 万元以上固定资产投资等。全社会固定资产投资规模是反映资本积累的主要因素。

X_{12}表示全社会固定资产投资占 GDP 的比重（单位:%），这一指标可以测度研究区域资本积累的程度以及 GDP 的增长对全社会固定资产投资的依赖程度（Barro，1997）。

5. 市场需求

市场需求这一影响因子主要由城镇居民收入、农村居民纯收入、社会消费品零售总额、最终消费占 GDP 的比重这四个指标来测度。

X_{13}表示城镇居民收入（单位：元/人），X_{14}表示农村居民纯收入（单位：元/人），用这两个指标来测度研究区域的居民收入，这两个指标可以很明显地反映出研究区域的城镇居民和农村居民的收入水平，有了居民的收入水平就可以了解城镇居民和农村居民的购买力。

X_{15}表示社会消费品零售总额（单位：万元）。社会消费品零售总额是指批发及零售业、住宿和餐饮业以及其他的行业，直接售给城乡居民和社会集团的消费品零售额。社会消费品零售总额可以直观地反映出研究区域的消费规模，同时也可以间接反映出研究区域的市场需求。

用 X_{16}表示最终消费占 GDP 的比重。最终消费是指常住单位，在一定时期内对于货物和服务的最终消费支出，也就是常住单位为满足物质、文化和精神生活的需要，从本国及国外购买的货物以及服务的支出。它不包括非常住单位在本国的消费支出。最终消费分为政府消费和居民消费。政府消费是指政府部门向社会提供的公共服务支出和对居民提供的消费性货物和服务的转移支出；居民消费是指常住住户在一定时期内对于货物和服务的全部最终消费支出。最终消费占 GDP 的比重可以直接地反映出研究区域的消费占 GDP 的份额，但从另外一个方面也可以间接反映出内需市场的变化情况。

6. 区位条件

区位条件这一影响因子是经常被应用，但又是难以量化的一个概念，对于一个研究区域来说，区位条件首先受国家的宏观政策和地缘政治经济形式的影响。比如，在战争年代，为了躲避战争，在内陆的城市区位条件较好，而在和平发展时期，对外改革开放的政策实施以后，沿海地区的城市，区位优势就变得十分明显。因此，在对外开放政策不变和地缘政治形势稳定的前提下，研究区域距离主要出海口和国内外大市场的相对位置就变得非常重要了。在国际上，主要是依据距离国内外大市场或者到最近的枢纽海港的距离来衡量城市的区位条件。考虑到中原经济区位于我国的内陆地区，距离我国的枢纽港口较远，本研究依据各地市到就近中心城市的距离的倒数这一指标来测度研究区域的区位条件。

X_{17}表示距最近中心城市的距离（单位：1/km）。依据距离衰减定律，笔者通过征求有关专家及学者的意见和建议，确定取其距离的倒数进行测度。

7. 产业结构

产业结构这一影响因子，主要由第二、第三产业的增速和各自占 GDP 的比重来测度。X_{18}表示第二产业增速（单位:%）、X_{19}表示第二产业的占 GDP 的比重（单位:%），本研究依据这两个指标来测度研究区域的第二产业的发展状况，第二产业对国民经济增长的贡献以及第二产业在国民经济发展中的地位与作用。X_{20}表示第三产业的增速（单位:%），X_{21}表示第三产业占 GDP 的比重（单位:%），本研究依据这两个指标来测度研究区域第三产业的发展状况。作为第三产业的服务业，其增速及其占 GDP 的比重，这两个解释变量不仅反映了服务业在国民经济中的地位与作用，而且也在一定程度上被看作是体现二、三产业协调发展、产业结构高级化以及城市核心竞争力的重要标志。

（二）具有地方效应的全局因子

具有地方效应的全局因子，从表面上看来对所有区域的影响都是一样的，但实际上，对处于不同区位的研究区域而言，所产生的影响却往往表现为地方性。这类影响因子主要包括：国家区域发展和区域发展政策战略、对外开放程度、市场化水平、教育发展、技术进步等。

1. 区域发展战略

区域发展战略与区域发展政策这一影响因子是由我国特殊的国情决定的，国家实施的区域发展战略和区域发展政策，对我国不同区域的经济发展确实起到了很大的促进作用，尤其是我国最早享受国家区域发展政策和区域发展战略的沿海沿江城市特别明显。区域发展战略和区域发展政策，是由国家或地方依据当地实际情况，结合我国的区域发展现状而定的，也是鼓励我国一部分地区优先发展起来的特殊国情确定的。

X_{22}表示研究区域各地级市享受国家或地方给予的区域发展战略。通过征求有关专家的意见和建议，同时参考相关学者的研究成果，本研究把在国家区域发展战略层次中享受国家级的发展战略的城市赋值为 1、享受省级发展战略的城市赋值为 0.5，没有享受国家级和省级的区域发展战略的城市赋值为 0。

2. 对外开放程度

测度对外开放程度这一影响因子的解释变量很多，本研究选取了进出口总额占 GDP 的比重和外商直接投资占 GDP 的比重这两个解释变量，来测度研究区域各成员的对外开放程度。

X_{23}表示进出口总额占 GDP 的比重（单位:%），进出口总额占 GDP 比重的大小，表示研究区域的经济外向程度或称经济国际化程度（Barro，1997）。

X_{24}表示外商直接投资占 GDP 的比重（单位:%），外商直接投资占 GDP 的比重是用来反映研究区域直接使用外资的规模，外商直接投资水平的高低也间接的反映了研究区域的市场开放程度（Barro，1997）。

3. 市场化水平

市场化水平这一影响因子的解释变量比较复杂，其解释变量也较多。根据以往的研究成果，大致有以下几类指标：政府与市场的关系、非国有经济的发展、产品市场的发育程度、要素市场的发育程度、市场中介组织的发育程度以及相关的法律制度环节等（樊纲、王小鲁、朱恒鹏，2009）。考虑到数据的可获得性以及有关专家的意见和建议，本研究选取了非国有经济发展状况和政府与市场的关系这两个解释变量来测度。衡量非国有经济发展状况的解释变量，主要有非国有经济在全社会固定资产投资中所占的比重、非国有经济就业人数占城镇总就业人数的比重以及非国有经济在工业销售收入中所占的比重这三个解释变量，在数据的收集整理过程中，本研究发现，非国有经济在全社会固定资产投资中所占的比重这一解释变量的数据，在历年的《中国城市统计年鉴》、中原经济区各省份历年的统计年鉴以及各地市的统计年鉴上面均没有进行统计，只是在各省份历年的统计年鉴上面有省级单位的统计数据，但具体到研究区域各地市的统计数据是缺失的。因此，测度非国有经济发展状况的解释变量，只有依据非国有经济就业人数占城镇总就业人数的比重和非国有经济在工业销售收入中所占的比重这两个解释变量。测度政府与市场的关系，通常采用的解释变量有市场分配经济资源的比重、减轻农民的税费负担、减少政府对企业的干预、减轻企业的税外负担以及缩小政府规模等指标。根据以往的研究资料，上述解释变量的数据在各种统计年鉴上面均没有统计，而这些数据的获得，学者们均是采取抽样问卷调查的方法获得，而且获得的数据资料均为当年的数据，本研究所需的数据资料是长期的多年连续的数据，显然采用抽样问卷调查的方法是行不通的，因此，通过征求有关学者的意见，本研究采用了地方财政支出占 GDP 的比重这一解释变量来测度政府与市场的关系。

X_{25}表示非国有经济在工业销售收入中所占比重（单位:%），主要是反映研究区域市场化的进展情况。

X_{26}表示非国有经济就业人数占城镇总就业人数的比例（单位:%）。采用这一指标主要是为了弥补“非国有经济在工业销售收入中所占比重”这一指标的不足，从劳动力的投入方面来衡量包括非工业部门在内的各部门中非国有经济的发展状况。

X_{27}表示地方财政支出占 GDP 比重（单位:%）。这一指标主要是用来衡量社会资源的配置状况，地方财政支出包括一般公共服务、外交、国防、公共安全、教育、科学技术、文化体育与传媒、社会保障与就业、社会保险基金支出、医疗卫生、环境保护、城乡社区事务、农林水利事务、交通运输、工商业金融等事务、其他支出以及专一性支出等方面。

4. 教育发展

教育发展这一影响因子主要是反映研究区域的教育状况，起初选用研究区域万人拥有高等学历人数这一解释变量来测度，笔者查阅了历年《中国人口统计年鉴》和相关资料，发现没有统计各地级市的这一统计数据，经过征求有关专家的意见，本研究最终确定由万人在校大学生人数这一解释变量来替代。

用 X_{28} 表示万人在校大学生人数（单位：人）。万人在校大学生人数这一指标测算出的受教育程度可能与事实存在一定差异，考虑到大多数高校毕业生，毕业后会选择到经济相对比较发达、环境条件比较优越的城市就业。因此，对于经济相对比较发达的城市来说，这种估计比较贴近现实（Barro，1997）。反过来，对于欠发达区域，该指标就不准确了。另外，由于本研究 HH 组成员绝大多数都是集中在经济比较发达、环境条件比较好的郑州市周边地区，经济发展虽有一定偏差，但相对来讲，其经济发展差距相差不大。而 LL 组的成员的经济发展则相对滞后，属于中原经济区的贫困地区，这一指标相对较差。因此，万人在校大学生人数这一解释变量基本上能够反映出 HH 组区域的教育发展情况。

5. 科技进步

科技进步是指科学发展与技术变革互相促进、互相转化的过程。科技进步对经济发展的影响是指能够使一定数量的生产要素之间的组合，生产出更多产品的所有因素共同发生作用的过程。具体来讲，可将其概括为以下四个方面：提高装备技术水平、提高劳动者素质、提高管理决策水平和改革生产工艺等。在影响经济增长的诸因素中，剔除了由于增加资金和增加劳动力数量因素以后的部分即为科技进步的因素，因此，科技进步对经济增长的作用，是一种内含的扩大再生产过程。此外，科技进步对经济增长的影响还表现在其他方面，比如促使人的劳动方式发生了革命性的变化；促进整个产业结构、经济结构发生重大变化；科技发展的不平衡，也急剧地加深了发达国家以及发达地区之间的竞争等。由此可以看出，科技进步与经济增长的关系，一方面表现为经济的发展不断地对科学技术提出新的要求，促进科学技术进行不断地发展和革新；另一方面则表现为在创造、应用和推广科技成果的基础上，不断促进经济增长。因此，科技进步对提高社会生产效率起着决定性作用。

近年来，关于科技进步贡献率的文献不断涌现，但多数文献资料只是停留在对科技进步贡献率的讨论阶段，至于如何测度科技进步对经济发展的贡献份额，目前，这方面的文献还很少，笔者结合现有的研究成果，采用科技进步对经济增长的贡献份额即科技进步贡献率来测度技术进步。用X_{29}表示科技进步贡献率（单位:%），科技进步贡献率的测算模型采用国家计委、国家统计局推荐的增长速度模型进行计算，即以增长速度模型和柯布－道格拉斯生产函数相结合，其计算公式为（式4－1）：

$$Ea = \frac{Y - aK - \beta L}{Y} \times 100\% \qquad (4-1)$$

其中：Ea为科技进步对产出增长速度的贡献，即科技进步贡献率；Y为产出的年平均增长速度，一般用国内生产总值来计算；K为资金的年平均增长速度；L为劳动力（数量）的年平均增长速度；a为资金的产出弹性系数（指在其他条件不变的情况下资金增加1%时，产出增加$a\%$，a一般取0.3～0.35，本研究a取0.3；β为劳动产出弹性系数，是指在其他条件不变的情况下，劳动增加1%时，产出增加$\beta\%$，β一般取0.7～0.65，本研究β取0.7。科技进步贡献率的计算模型就变成为（式4－2）：

$$Ea = \frac{Y - 0.3K - 0.7L}{Y} \times 100\% \qquad (4-2)$$

利用模型4－2，经过统计、计算就可以得到研究区域各俱乐部成员的科技进步贡献率。

综合地方性因子以及具有地方效应的全局因子，中原经济区空间俱乐部趋同的影响因子框架如下（表4－1）：

表 4－1　中原经济区空间俱乐部趋同影响因子框架

因子分类	影响因子	描述指标	符号	解释变量	单位
地方因子	地理环境及自然资源禀赋	水资源	x_1	年均降雨量	mm/年
		绿化状况	x_2	城市绿化覆盖率	%
		人均耕地	x_3	人均耕地面积	亩/人
	信息与交通	信息条件	x_4	万人邮电业务量	万元/万人
		铁路条件	x_5	铁路密度	km/km^2
		公路条件	x_6	公路密度	km/km^2
	人口与人力资源	人口规模	x_7	年末总人口	万人
		劳动力	x_8	社会劳动者占总人口的比重	%
			x_9	第二产业从业人数的占该市社会劳动者总人口的比重	%
			x_{10}	第三产业从业人数的占该市社会劳动者总人口比重	%
	投资水平	资本积累	x_{11}	全社会固定资产投资规模	万元
			x_{12}	全社会固定资产投资占 GDP 比重	%
	市场需求	居民收入	x_{13}	城镇居民人均收入	元/人
			x_{14}	农村居民人均纯收入	元/人
		消费规模	x_{15}	社会消费品零售总额	万元
			x_{16}	最终消费占 GDP 比重	%
	区位条件	距最近中心城市距离	x_{17}	距离郑州、合肥、济南、石家庄的距离	1/km
	产业结构	第二产业	x_{18}	第二产业增速	%
			x_{19}	第二产业占 GDP 的比重	%
		第三产业	x_{20}	第三产业增速	%
			x_{21}	第三产业占 GDP 的比重	%
	区域发展战略	区域战略	x_{22}	区域发展战略：国家级、省级、无	1/0.5/0

续表

因子分类	影响因子	描述指标	符号	解释变量	单位
具有地方效应的全局性因子	对外开放程度	对外贸易	X_{23}	进出口总额占 GDP 的比重	%
		外商投资	X_{24}	外商直接投资占 GDP 的比重	%
	市场化水平	非国有经济发展状况	X_{25}	非国有经济在工业销售收入中所占比重	%
			X_{26}	非国有经济就业人数占城镇总就业人数比重	%
		政府与市场的关系	X_{27}	地方财政支出占 GDP 的比重	%
	教育发展	人口受教育程度	X_{28}	万人在校大学生人数	人/万人
	技术进步	科技进步对经济增长的贡献份额	X_{29}	科技进步贡献率	%

二、影响因子筛选

本研究依据空间趋同俱乐部形成的初始条件、结构特征以及地方特色，同时依据空间趋同俱乐部不具有“遍在性”这一特性，认为空间趋同俱乐部的形成主要是由地方因子以及具有地方效应的全局因子共同作用的结果，构建空间趋同俱乐部影响因子分析框架（表 4－1），上述哪些影响因子对空间趋同俱乐部的形成起到了促进作用，需要构建模型对框架中的诸多影响因子进行回归分析，从中筛选出该空间趋同俱乐部的影响因子，以便对俱乐部的形成因素进行分析。

（一）筛选的流程

将上述框架内的影响因子描述指标视情况引入固定效应的空间滞后模型（式 1－13 即 SL 模型）或固定效应的空间误差模型（式 1－14 即 SE 模型），通过其对空间俱乐部趋同的显著程度，筛选出该空间趋同俱乐部的影响因子。如果影响因子经模型（式 1－13 或式 1－14）回归的效果不显著或者就没有反应，要将该影响因子剔除，把经回归显著的影响因子逐一挑选出来，即完成了空间趋同俱乐部影响因子筛选。为了防止影响因子的描述指标选择不当，对影响因子造成错误的漏选，需要重新调整影响因子的描述指标，再次进行筛选。具体筛选的流程见（图 4－1）：

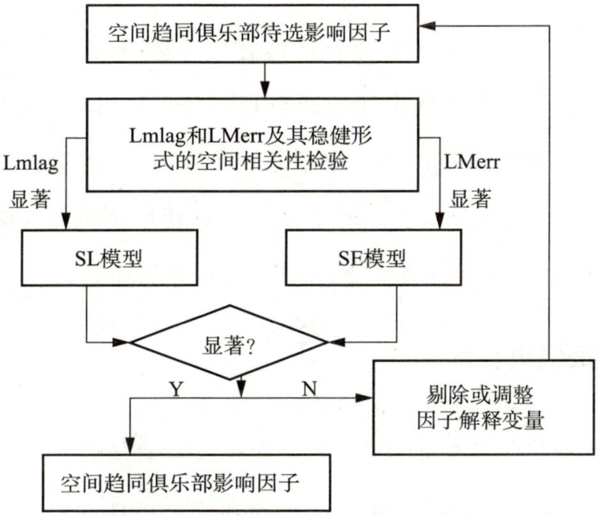

图 4－1　空间趋同俱乐部影响因子筛选流程

（二）构建筛选模型

影响因子筛选，传统的筛选往往采用截面模型，但截面模型由于数据仅仅采用某一特殊年份的数据，很难反映出研究时段各影响因子对俱乐部趋同的影响，即筛选出影响因子的代表性及稳定性较差。鉴于此，本研究将利用研究时段的面板数据，借助面板模型（即固定效应的空间滞后模型及固定效应的空间误差模型），空间面板模型所反映的空间相关性是全局性的，研究区域内任何两个区域之间都存在相关性，并且相关性强度服从距离衰减规律，固定效应的空间滞后模型意味着研究区域内任何一个区域经济增长的所有解释变量均通过空间传导机制作用于其他区域；而固定效应的空间误差模型则反映区域外溢是随机冲击作用的结果。此外，固定效应的空间滞后模型和固定效应的空间误差模型不仅考虑了区域经济增长的时间和空间的异质性，而且还把空间相关性明确的引入趋同模型中，这在很大程度上纠正了模型的误设问题，很好地考察了研究区域的空间外溢情况。

将影响因子框架内的地方因子及具有地方效应全局因子的解释变量（见表4-1），视情况引入固定效应的空间滞后模型（SL模型即式1-13）或固定效应的空间误差模型（SE模型即式1-14），检验各解释变量对空间趋同俱乐部的影响是否显著，把显著的解释变量所测度影响因子挑选出来即完成了中原经济区空间俱乐部趋同影响因子的筛选。

（三）筛选结果分析

1. 中原经济区HH空间趋同俱乐部影响因子筛选

首先将HH组空间趋同俱乐部各成员所有影响因子解释变量的统计值进行标准化处理，而后将经过标准化处理的影响因子解释变量引入固定效应的空间滞后模型（式1-13）和固定效应的空间误差模型（式1-14），其回归计算的结果（见表4-2），由表（4-2）可知，模型（式1-13）和模型（式1-14）的估计结果相差不大，拟合度、对数似然函数值相近，解释变量系数的大小和符号也基本相似。因此，单纯根据某一个模型估计的结果，很难确定哪个模型更合适或者更好，必须同时考虑两个模型估计的结果进行分析。

依据模型（式1-13）和模型（式1-14）计算的结果，Moran's *I* 的系数值均变得很不显著，分别为0.0029和0.0041，表明使用固定效应的空间滞后模型和固定效应的空间误差模型很好的消除了HH组空间俱乐部趋同的空间相关性。相对于传统的空间滞后模型和空间误差模型的估计值来讲，固定效应的空间滞后模型和固定效应的空间误差模型中的趋同速度也有所下降。

从表4－2可以看出，Cy和Cu的系数估计结果，能够反映区域经济增长区域外溢的显著性和外溢强度，二者的系数估计值均大于0，且都在5%以上的显著水平，说明中原经济区空间趋同俱乐部（HH组）在经济增长的过程中，区域局部外溢显著存在，即一个区域的经济增长不仅取决于自身的因素，而且受相邻区域的影响；一个区域获得有利的增长因素和较好的增长业绩将惠及相邻的区域。模型（式1－13）的空间自回归系数的估计值为0.1108，其内涵的经济意义是指一个区域的邻居区域，其人均GDP增长率提高11.08个百分点，则该区域的人均GDP增长率将得益于邻区的增长，提高约1个百分点；模型（式1－14）的空间自回归系数的估计值为0.3860，其内涵是随机冲击能产生更强的空间局部外溢效应。

表4－2　固定效应的空间滞后及误差模型计算结果（HH组2000—2016）

变量	固定效应的空间滞后模型（1－13）		固定效应的空间误差模型（1－14）	
	系数估计值	显著性水平	系数估计值	显著性水平
rjgdp	－0.0330	0.0116	－0.1942	0.0017
X_1	0.0022	0.6009	－0.0013	0.2641
X_2	－0.0535	0.0624	0.0012	0.8060
X_3	0.2895	0.8727	－0.4453	0.0000
X_4	0.0015	0.5690	0.0000	0.1174
X_5	0.0932	0.0000	0.0132	0.0001
X_6	－0.0764	0.0159	0.0021	0.1094
X_7	0.0089	0.0000	0.0013	0.0000
X_8	0.04996	0.3998	－0.0106	0.0070
X_9	－0.0696	0.0965	0.0044	0.0464
X_{10}	－0.0620	0.2207	－0.0012	0.6532
X_{11}	0.0496	0.1103	0.0199	0.0029

续表

变量	固定效应的空间滞后模型（1－13）		固定效应的空间误差模型（1－14）	
	系数估计值	显著性水平	系数估计值	显著性水平
X_{12}	0. 0312	0. 0000	0. 0286	0. 0000
X_{13}	－0. 0012	0. 0366	0. 0000	0. 5997
X_{14}	0. 0003	0. 2401	0. 0000	0. 0598
X_{15}	0. 0000	0. 6452	0. 0000	0. 5866
X_{16}	－0. 0339	0. 1291	－0. 0039	0. 0199
X_{17}	0. 0130	0. 0000	0. 0176	0. 0002
X_{18}	－0. 0337	0. 2304	－0. 0012	0. 3515
X_{19}	0. 0128	0. 0000	0. 0110	0. 0000
X_{20}	0. 1384	0. 0032	0. 0108	0. 0145
X_{21}	0. 0112	0. 1524	0. 0108	0. 0121
X_{22}	0. 0184	0. 0120	0. 0288	0. 0234
X_{23}	0. 0529	0. 1320	0. 1646	0. 0108
X_{24}	0. 0206	0. 0011	0. 0202	0. 0017
X_{25}	0. 0117	0. 0000	0. 0121	0. 0000
X_{26}	0. 0121	0. 0459	0. 0301	0. 0082
X_{27}	0. 0356	0. 0284	0. 0233	0. 0309
X_{28}	0. 0114	0. 0028	0. 0207	0. 0353
X_{29}	－0. 026	0. 3305	－0. 0107	0. 0029
Cy	0. 1108	0. 0294		
Cu			0. 3860	0. 0279
R2	0. 3096		0. 1992	
LIK	1562. 3218		1369. 2603	
Moran's I	0. 0029	0. 8760	0. 0041	0. 8066

说明：本研究得出的计算值所使用的 Matlab 程序是 Elhorst（2004）编写的，系数的估计值是组内的估计量，是用 Monte Carlo 方法来近似 Jacobian 的行列式 $\ln|I-\rho W|$ 及 $\ln|I-\lambda W|$ 所得（Barry and Pace，1999）。表中影响因子解释变量的显著性水平越小则越显著，当影响因子解释变量的显著性水平超过 10% 时，该影响因子就不是该空间俱乐部趋同的影响因子。

从固定效应的空间滞后模型（式 1－13）及固定效应的空间误差模型（式 1－14）自回归的结果显示，铁路密度（x_5）、年末总人口（x_7）、全社会固定资产投资占 GDP 的比重（x_{12}）、研究区域距离中心城市的距离（x_{17}）、第二产业占 GDP 的比重（x_{19}）以及非国有经济在工业销售收入中所占的比重（x_{25}）等6个影响因子的解释变量顺利通过的筛选（表4－3）。

表4－3　HH组空间俱乐部趋同的影响因子

影响因子	符号	解释变量	因子类型
信息与交通	X_5	铁路密度	地方性因子
人口与人力资源	X_7	年末总人口	
投资水平	X_{12}	全社会固定资产投资占 GDP 比重	
区位条件	X_{17}	距离中心城市的距离	
产业结构	X_{19}	第二产业占 GDP 比重	
市场化水平	X_{25}	非国有经济在工业销售收入中所占的比重	具有地方效应的全局性因子

2. 中原经济区 LL 组空间趋同俱乐部影响因子筛选

将中原经济区 LL 组空间趋同俱乐部各成员历年影响因子解释变量的统计数据进行标准化处理后，引入固定效应的空间滞后模型（式1－13）和固定效应的空间误差模型（式1－14），对 LL 组空间趋同俱乐部的影响因子进行自回归计算，计算结果如下（表4－4）：

由表4－4可以看出，依据固定效应的空间滞后模型（式1－131）和固定效应的空间误差模型（式1－14）得到 LL 组空间趋同俱乐部的 Moran's *I* 系数值，分别为0.0076和0.0053，空间相关性较低，说明依据固定效应的空间滞后模型和固定效应的空间误差模型很好地降低了 HH 组空间趋同俱乐部各成员之间的空间相关性。相对于传统的空间滞后模型和空间误差模型的估计值来讲，固定效应的空间滞后模型和固定效应的空间误差模型所估计的趋同速度也大幅下降。另外，从表4－4中 Cy 和 Cu 的系数估计结果可以看出，Cy 和 Cu 的显著性水平分别为0.3%和0.79%，均大于零且均在5%以下，说明了依据固定效应的空间滞后模型和固定效应的空间误差模型估算的结果，具有较高的显著水平，能够满足影响因子筛选的条件。但从 Cy 和 Cu 的系数估计值来看，Cy 的估计值为 0.0032，Cu 的估计值仅为 0.2637，反映了 LL 组空间趋同俱乐部的区域外溢较弱，即受中原经济区经济高发区的影响较小。

表 4－4　固定效应的空间滞后及误差模型计算结果（LL 组 2000—2011）

变量	固定效应的空间滞后模型（1－13）		固定效应的空间误差模型（1－14）	
	系数估计值	显著性水平	系数估计值	显著性水平
rjgdp	－0.0262	0.0305	－0.2227	0.0214
X_1	0.0033	0.4216	－0.0229	0.3090
X_2	－0.0355	0.0573	0.0077	0.6384
X_3	0.3026	0.0000	0.2639	0.0002
X_4	0.0227	0.4640	0.0000	0.2196
X_5	－0.0328	0.0175	0.0268	0.0044
X_6	0.0258	0.0000	0.0039	0.0000
X_7	0.0332	0.0000	0.0197	0.0009
X_8	0.0602	0.1363	－0.0991	0.0220
X_9	－0.0793	0.0896	0.0037	0.0504
X_{10}	－0.0370	0.2199	－0.0087	0.6906
X_{11}	0.0236	0.0861	0.0204	0.0075
X_{12}	0.0260	0.0000	0.0143	0.0000
X_{13}	－0.0219	0.0427	0.0000	0.4538
X_{14}	0.0112	0.0007	0.0359	0.0000
X_{15}	0.0064	0.3859	0.0196	0.3362
X_{16}	－0.0230	0.1396	－0.0157	0.0264
X_{17}	0.0166	0.0112	0.0207	0.0019
X_{18}	－0.0251	0.3039	－0.0401	0.3021
X_{19}	0.0211	0.0292	0.0110	0.0000
X_{20}	0.1384	0.0034	0.0990	0.0253

续表

变量	固定效应的空间滞后模型（1－13）		固定效应的空间误差模型（1－14）	
	系数估计值	显著性水平	系数估计值	显著性水平
X_{21}	0.0927	0.1160	0.0890	0.0137
X_{22}	0.0152	0.0113	0.0246	0.0198
X_{23}	0.0451	0.1269	0.1330	0.0127
X_{24}	0.0189	0.0106	0.0217	0.0090
X_{25}	0.0228	0.0370	0.0894	0.0135
X_{26}	0.0079	0.0035	0.0271	0.0113
X_{27}	0.0259	0.0237	0.0199	0.0296
X_{28}	0.0960	0.0108	0.0235	0.0287
X_{29}	－0.035	0.3694	－0.0118	0.0026
Cy	0.0032	0.0030		
Cu			0.2637	0.0079
R2	0.4119		0.1824	
LIK	1366.3260		1268.4379	
Moran's I	0.0076	0.7970	0.0053	0.6653

说明：本研究得出的计算值所使用的Matlab程序是Elhorst（2004）编写的，系数的估计值是组内的估计量，是用Monte Carlo方法来近似Jacobian的行列式$\ln|I-\rho W|$及$\ln|I-\lambda W|$所得（Barry and Pace，1999）。表中影响因子解释变量的显著性水平越小则越显著，当影响因子解释变量的显著性水平超过10%时，该影响因子就不是该空间俱乐部趋同的影响因子。

通过以上对表4－4分析的结果来看，固定效应的空间滞后模型（式1－13）和固定效应的空间误差模型（式1－14）很好地解决了区域经济增长组内趋同，组间趋异的问题，筛选的结果能够准确反映影响该空间趋同俱乐部的影响因子。从表4－4可知，中原经济区LL组空间趋同俱乐部比较显著影响因子的解释变量有人均耕地面积（x_3）、公路密度（x_6）、年末总人口（x_7）、全社会固定资产投资占GDP比重（x_{12}）以及农村居民人均纯收入（x_{14}），这些解释变量分别反映的影响因子为地理环境及自然资源禀赋、信息与交通、人口与人力资源、投资水平和市场需求（见表4－5），即上述5个影响因子顺利通过了筛选。另外，从表4－4筛选的结果来看，具有地方效应的全局性因子则没有一个通过检验，说明该趋同俱乐部所有成员受国家和地方区域发展政策及对外开放程度的影响较小，市场化水平较低，教育发展及科技进步相对滞后。

表4－5　LL组空间俱乐部趋同的影响因子

影响因子	符号	解释变量	因子类型
地理环境与自然资源禀赋	X_3	人均耕地面积	地方性因子
信息与交通	X_6	公路密度	
人口与人力资源	X_7	年末总人口	
投资水平	X_{12}	全社会固定资产投资占GDP比重	
市场需求	X_{14}	农村居民人均纯收入	
无		无	具有地方效应的全局性因子

三、小结

本章依据空间趋同俱乐部形成的初始条件、结构特征以及地方特色，同时根据空间趋同俱乐部不具有“遍在性”这一事实，本研究认为促使空间俱乐部趋同的动力主要是由地方因子以及具有地方效应的全局因子共同作用的结果。在此基础上，围绕地方因子以及具有地方效应的全局因子，构建了中原经济区空间趋同俱乐部影响因子分析框架。考虑到不同区域组所形成的趋同俱乐部成员之间所表现出的组内趋同，组间趋异的特征，构建了固定效应的空间滞后模型和固定效应的空间误差模型，依据这2个模型对中原经济区HH组和LL组所形成的2个空间趋同俱乐部的影响因子进行筛选，根据各影响因子的显著程度，发现HH组空间趋同俱乐部的铁路密度（x_5）、年末总人口（x_7）、全社会固定资产投资占GDP的比重（x_{12}）、研究区域距离中心城市的距离（x_{17}）、第二产业占GDP的比重

（x_{19}）以及非国有经济在工业销售收入中所占的比重（x_{25}）等6个影响因子的解释变量顺利通过筛选；LL组空间趋同俱乐部的人均耕地面积（x_3）、公路密度（x_6）、年末总人口（x_7）、全社会固定资产投资占GDP比重（x_{12}）以及农村居民人均纯收入（x_{14}）等5个影响因子的解释变量通过了筛选。各空间趋同俱乐部经过筛选出的影响因子是否为该空间趋同俱乐部的影响因子，还需构建模型对筛选出的影响因子进行严格的双重检验。

第 5 章

中原经济区空间俱乐部趋同影响因子检验

依据固定效应的空间滞后模型（式 1－13）及固定效应的空间误差模型（式 1－14），分别对中原经济区 HH 组和 LL 组中空间趋同俱乐部的影响因子进行了双重筛选，筛选出了显著性水平较高的影响因子，上述筛选出的影响因子是否就是该空间趋同俱乐部的影响因子，还需进行严格的检验。因为，影响因子筛选的正确与否，直接关系到对空间趋同俱乐部的形成和演进机制的研究。为此，本研究初步设想将根据空间趋同俱乐部的特性，构建影响因子双重检验模型，将上述筛选出的影响因子引入模型中进行严格的双重检验，用以保证空间趋同俱乐部影响因子的准确、完整、无遗漏。最终判定该影响因子是否为该空间趋同俱乐部的影响因子，以及这些影响因子对该空间俱乐部趋同的作用程度，依据其对该空间俱乐部趋同的作用程度，最终确定空间趋同俱乐部的重要影响因子、比较重要的影响因子以及一般影响因子。

一、检验方法

本研究将对上述第四章筛选出的影响因子进行严格的双重检验。检验的流程见图 5 - 1：中原经济区空间趋同俱乐部影响因子检验分以下 3 步进行：

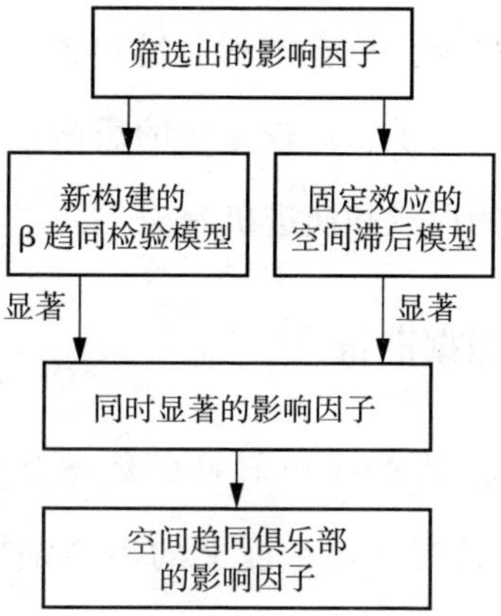

图 5 - 1　空间趋同俱乐部影响因子检验流程

步骤 1：重新构建β趋同回归模型，因为该模型是对上述筛选出的影响因子进行检验，因而模型中不再需要加入虚拟变量，所以新构建的β趋同回归模型不再含有虚拟变量项。将上述筛选出的影响因子采取逐一引入的方法进行回归分析，根据其回归系数的显著程度，用以判断该影响因子是否为该空间趋同俱乐部的影响因子。

步骤 2：将上述筛选出的影响因子依次引入固定效应的空间滞后模型做主成分分析，根据主成分所包含的影响因子以及影响因子对空间俱乐部趋同的作用程度，判断该影响因子是否为该空间趋同俱乐部的影响因子。

步骤 3：依据上述 2 个模型检验的结果，将 2 个模型检验均显著的影响因子逐一挑选出来，那么这些新挑选出的影响因子即为该空间趋同俱乐部的影响因子。

（一）确定检验因子

检验因子即上述第4章筛选出的各空间趋同俱乐部的影响因子，这些影响因子是否为该空间趋同俱乐部的影响因子，虽经过筛选，还需要对这些影响因子进行严格的检验，只有顺利通过双重检验，才能最终确定各空间趋同俱乐部的重要影响因子、比较重要的影响因子和一般影响因子，以便研究空间趋同俱乐部的形成和演进机制。

（二）检验因子的数据准备

由于统计数据以及借助 ArcGIS 转换的数据具有很大的偶然性，同时考虑到空间截面数据也具有一定程度上的不稳定性，为了最大限度地消除由于统计数据误差带来的影响，本研究将采用空间面板数据，尽量使统计数据及 ArcGIS 转换数据的误差降到最低。本研究首先将筛选出影响因子历年的统计数据进行标准化处理，而后将历年（2000—2016 年）各空间趋同俱乐部筛选出影响因子解释变量的统计数据，按照从初始年份到研究时段最后一年的顺序变成为一列，不同年份影响因子解释变量的统计数据就变成了不同的列，这样就把原来的空间截面数据转变成了空间面板数据，完成了 S-Plus-Date 数据库构建，为影响因子检验做好了准备。

（三）构建检验模型

为完成各空间趋同俱乐部影响因子检验，本部分需借助 β 趋同回归模型（式 1－15），将上述筛选出影响因子的统计数据采取逐一引入的方法，视其显著程度，用以确定该空间趋同俱乐部的影响因子，完成各空间趋同俱乐部影响因子的初步检验。

影响因子检验，是对第4章各空间趋同俱乐部已经筛选出的各影响因子进行检验，故检验模型不需要加入虚拟变量，模型（式1－15）中的虚拟变量项$\sum_{k=1}^{n-1}\lambda_k D_K$，做影响因子检验时，已无任何意义，因此，需要删除$\sum_{k=1}^{n-1}\lambda_k D_K$项，删除后的$\beta$趋同回归模型就变成了模型（式5－2）：

$$y_i = \alpha_i + \beta\log(\mathrm{GDP})_{Ti} + \sum_{j=1}^{n}\gamma_j X_{ji} + \varepsilon_i \qquad (5-2)$$

依据该模型（式5－2）进行影响因子筛选，必须遵循将筛选出的各空间趋同俱乐部的影响因子采取逐一引入模型的方法，每次将影响因子解释变量的统计值（经过标准化处理）引入模型中进行回归分析，依据回归结果，观察其回归系数的显著程度，若第一次引入的变量显著，然后就引入第二个变量，若第二个变量引入后，可能会出现第一次引入的变量显著，第二次引入的变量也显著（这要看其显著性程度是否超过了1%、5%或者10%的水平），那么第一次引入的变量就为显著变量，即第一次引入的影响因子就是该空间趋同俱乐部的显著性影响因子，否则，将第一次引入的影响因子解释变量进行剔除。按照这种方法，将已经筛选出的影响因子解释变量的统计值逐一引入模型（式5－2）中，最后将所有显著影响因子逐一挑出，即初步完成了该空间趋同俱乐部影响因子检验。

为了求证经过筛选出的各影响因子对空间俱乐部趋同的作用程度，本研究将利用固定效应的空间滞后模型（式1－13），借助S-Plus工具，进行主成分分析，根据其对该空间俱乐部趋同的作用程度大小，确定该空间趋同俱乐部的重要影响因子，比较重要的影响因子和一般影响因子，这就是对该空间趋同俱乐部影响因子的二次检验，这样就完成了中原经济区各空间趋同俱乐部影响因子双重检验。

二、检验结果分析

中原经济区空间趋同俱乐部影响因子检验，首先借助改进后的β趋同回归模型（式5－2），采取逐步引入变量的方法，依据回归分析的结果，检验各空间趋同俱乐部初步筛选出影响因子解释变量（影响因素）的显著程度，用以验证本研究所提出的关于中原经济区空间趋同俱乐部重要影响因子的假设。而后再借助固定效应的空间滞后模型做主成分分析，考察各影响因子的解释变量对空间俱乐部趋同的作用程度，用以判断哪些影响因子为该空间趋同俱乐部的重要影响因子、比较重要的影响因子和一般影响因子。

（一）中原经济区 HH 组空间趋同俱乐部影响因子检验

在模型（式5－2）中逐步引入 HH 组空间趋同俱乐部已经筛选出的影响因子，采取将影响因子逐一引入的方式进行回归分析，依据回归分析的结果，把显著影响因子的解释变量挑选出来，同时剔除不显著的解释变量，即初步完成了中原经济区 HH 组空间趋同俱乐部影响因子的检验，回归分析的结果见表5－1。从表5－1回归结果可以看出，在本研究初步提出的中原经济区空间俱乐部趋同重要影响因子中，地方因子中有全社会固定资产投资占 GDP 比重 x_{12}、第二产业占 GDP 比重 x_{19}、距中心城市距离 x_{17}、年末总人口 x_7这4个影响因子顺利通过了检验，铁路密度因为显著性较弱，则没有通过检验，具有地方效应的全局因子中的非国有经济在工业销售收入中所占的比重 x_{25}显著性较强，顺利通过了检验。上述检验的结果可以看出解释变量所代表的影响因子，即中原经济区 HH 组空间趋同俱乐部的投资水平、产业结构、市场化水平、区位条件以及人口与人力资源对 HH 组空间俱乐部趋同起到了正向的促进作用，反映信息与交通的铁路密度这一解释变量则没有通过检验，至于这一解释变量是否为 HH 组空间趋同俱乐部的影响因子还需依据固定效应的空间滞后模型（式 1－13）再次进行检验。

表 5－1 中原经济区 HH 组空间俱乐部趋同影响因子分析（2000—2016）

回归模型 解释变量	(1)	(2)	(3)	(4)	(5)	(6)
X_5	0.0269* (0.0132)					
X_7		0.0171** (0.0221)	0.0133* (0.0126)			
X_{12}			0.533*** (0.0360)	0.4026*** (0.0259)	0.3368*** (0.0220)	0.3264*** (0.02108)
X_{17}				0.3566*** (0.0281)	0.2245*** (0.0236)	0.3009*** (0.0197)
X_{19}					0.1939*** (0.0326)	0.1766*** (0.0294)
X_{25}						0.2006*** (0.0397)
rjGDP	0.0155 (0.0152)	0.0038 (0.0542)	0.097 (0.0265)	0.0122 (0.0359)	0.0109 (0.0266)	0.0031 (0.0284)
C	1.9962*** (0.5768)	1.3309*** (0.5267)	1.4496*** (0.2115)	1.2498*** (0.2964)	1.0069*** (0.1127)	0.7762*** (0.2098)
R^2	0.6634	0.8740	0.6638	0.3039	0.7691	0.6890
F	20.2165	18.3306	19.0030	19.0213	26.3582	17.6563
DW	1.8804	2.2015	1.7266	1.8486	2.0211	1.8691

说明：（1）表中的 rjGDP 为研究区域初始年份的人均 GDP 水平；（2）表中*、**、***分别表示通过 10%、5% 和 1% 的显著性水平检验；（3）表（）内数字为回归系数对应的标准差；（4）R^2 为调整后的拟合度。

为了使 HH 组空间趋同俱乐部的影响因子准确、完整、无遗漏的检验出来，还需对 HH 组空间趋同俱乐部筛选出的影响因子做主成分分析，依据其对该空间趋同俱乐部作用程度的大小，确定其重要影响因子、比较重要的影响因子以及一般影响因子，即再次判断验证该空间趋同俱乐部影响因子筛选的正确与否。用中原经济区 HH 组空间趋同俱乐部筛选出影响因子的解释变量和初始年份的人均 GDP 作为自变量，以研究年份人均 GDP 的增长率为因变量，将上述各影响因子解释变量的数据以及初始年份的人均 GDP 数据一并引入模型（式 1 – 13）进行回归计算，回归分析的结果，会生成一个中原经济区空间俱乐部趋同的主成分柱状图（图 5 – 2）：HH 组空间趋同俱乐部主成分柱状图中的 comp. 1 至 comp. 10 是 HH 组空间俱乐部趋同生成的主成分，这些主成分所包含的影响因子，就是 HH 组空间俱乐部趋同影响因子的解释变量，当主成分 comp. 1、comp. 2、comp. 3……comp. 10 的累加值达到 0. 99 时，这些影响因子的解释变量就代表了对该空间俱乐部趋同的影响因子，因此，图 5 – 2 中 comp. 4 以后的主成分 comp. 5 comp. 6……所包含的解释变量对 HH 组空间俱乐部趋同的作用程度就可以忽略不计了。图 5 – 2 中的 comp. 1 所包含的影响因子为 HH 组空间俱乐部趋同的重要影响因子，comp2 所包含的影响因子为 HH 组空间俱乐部趋同的比较重要的影响因子，comp. 3、comp. 4 所包含的影响因子为 HH 组空间趋同俱乐部的一般影响因子。上述的分析还不能很清楚的得知每一个 comp 所包含的解释变量所测度的影响因子，以及这些影响因子对 HH 组空间俱乐部趋同的作用程度大小，依据模型（式 1 – 13）生成的主成分分析报告（见表 5 – 2）。可以很清楚地看出，利用模型（式 1 – 13），同时借助 S-Plus 软件所得到的主成分分析的结果与 β 趋同回归模型得到的结果基本一致，而且从表 5 – 2 还可以看出：x_{12}（全社会固定资产投资占 GDP 比重）以及 x_{19}（第二产业占 GDP 的比重）为 HH 组空间俱乐部趋同重要影响因子；x_{17}（距中心城市距离）和 x_{25}（非国有经济在工业销售收入中所占的比重）为 HH 组空间俱乐部趋同比较重要的影响因子；x_7（年末总人口）和 x_5（铁路密度）是 HH 组空间俱乐部趋同的一般影响因子，但 x_5（铁路密度）这一解释变量对 HH 组空间俱乐部趋同的作用程度很弱，可以忽略不计，这也是改进后的 β 趋同回归模型在对 HH 组进行影响因子检验时，其显著性不强的主要原因。

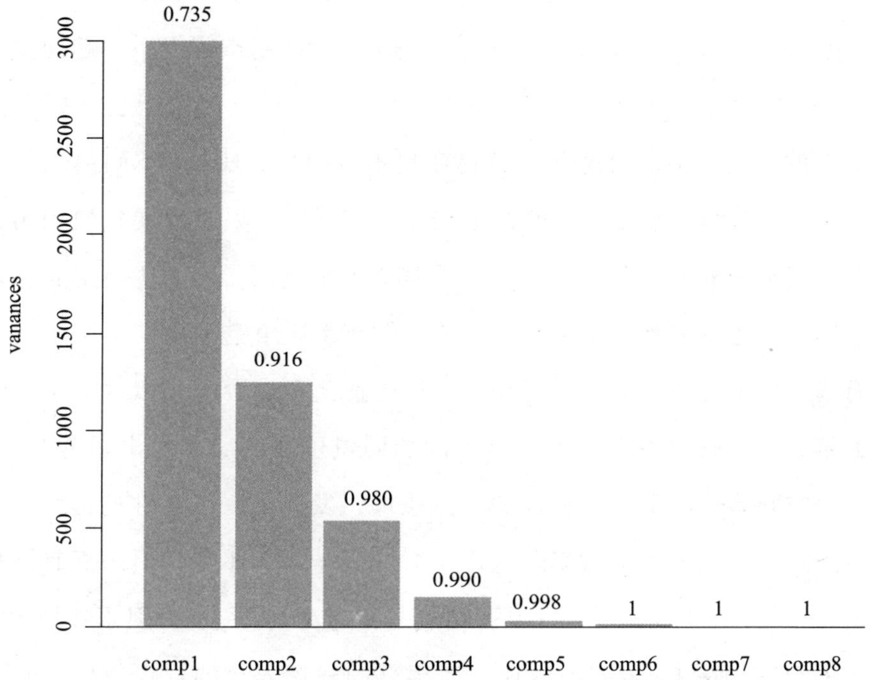

图5-2　中原经济区HH组空间俱乐部趋同主成分分布

表5-2　中原经济区HH组空间俱乐部趋同影响因子

Comp 解释变量	Comp. 1	Comp. 2	Comp. 3	Comp. 4
X_5				*
X_7			*	
X_{12}	*			
X_{17}		*		
X_{19}	*			
X_{25}		*		

说明：(1) 表中带“*”号的解释变量为该主成分所包含的解释变量；(2) 该表是用S-Plus软件计算所得。

从表5-1和表5-2检验出的HH组空间趋同俱乐部的解释变量可

知，HH 组空间趋同俱乐部的影响因子有投资水平、产业结构、市场化水平、区位条件以及人口与人力资源。若从其影响因子的解释变量对 HH 组空间俱乐部趋同所起的作用大小来看，HH 组空间俱乐部趋同主要是 x_{12}（全社会固定资产投资占 GDP 比重）以及 x_{19}（第二产业占 GDP 的比重）的促进作用，由这两个解释变量不难得出，HH 组空间俱乐部趋同主要是由持续不断的大量的社会固定资产投资，以及发展较快的第二产业。其次是市场化水平和区位条件这 2 个影响因子对 HH 组空间俱乐部趋同起了比较重要的作用，这主要得益于 HH 组空间趋同俱乐部的成员有很好的工业基础，非国有经济发展迅速，在省会郑州市这一中心城市的带动下快速发展的结果（该空间趋同俱乐部的局部溢出显著），表明了该空间趋同俱乐部有很好的区位条件，发挥了区位条件的优势。人口及人力资源以及信息与交通这 2 个影响因子对 HH 空间俱乐部趋同所起的作用仅为 8% 的作用，尤其是信息与交通对 HH 组空间俱乐部趋同起到了 1.6% 的作用，表明该区还没有很好的发挥人口的规模效应优势和交通优势。因此，加速推进该区的新型城镇化建设，充分发挥人口的规模效应，不断改善和提高交通条件，发挥交通优势，是 HH 组空间趋同俱乐部成员保持稳定的基础。

综上所述，HH 组空间趋同俱乐部的重要影响因子有投资水平和产业结构；比较重要的影响因子有市场化水平和区位条件，一般影响因子有人口与人力资源。属于地方的因子有投资水平、产业结构、区位条件、人口与人力资源，具有地方效应的全局因子是市场化水平。

（二）中原经济区 LL 组空间趋同俱乐部影响因子检验

将 LL 组空间趋同俱乐部已经筛选出影响因子的解释变量逐一引入改进后的 β 趋同回归模型（式 5－2）中，进行回归分析，回归分析的结果见

表5－3：

表5－3　中原经济区LL组空间俱乐部趋同影响因子分析（2000—2016）

回归模型解释变量	(1)	(2)	(3)	(4)	(5)
X_3	0.6500* (0.2018)	0.3861* (0.2530)	0.3433* (0.1963)	0.2597* (0.1782)	0.2011* (0.0860)
X_6		0.0339* (0.0263)			
X_7			0.4369*** (0.0325)	0.3607*** (0.0261)	0.2871*** (0.0199)
X_{12}				0.3966*** (0.3319)	0.2740*** (0.2208)
X_{14}					0.0766*** (0.0323)
rjGDP	0.0329 (0.0226)	0.0276 (0.0181)	0.0198 (0.0145)	0.0116 (0.0112)	0.099 (0.068)
C	1.9152*** (0.4450)	1.5327*** (0.3677)	1.3355*** (0.3126)	1.2681*** (0.2887)	1.0092*** (0.2209)
R^2	0.7639	0.6842	0.6309	0.5871	0.6063
F	20.9819	19.8865	18.4933	17.5802	35.3317
DW	2.1168	2.0571	1.9860	1.9926	1.7307

说明：（1）表中的rjGDP为研究区域初始年份的人均GDP水平；（2）表中*、**、***分别表示通过10%、5%和1%的显著性水平检验；（3）表（）内数字为回归系数对应的标准差；（4）R^2为调整后的拟合度。

从表5－3回归分析的结果可以看出，LL组空间趋同俱乐部顺利通过检验的解释变量有x_7（年末总人口）、x_{12}（全社会固定资产投资占GDP的比重）及x_{14}（农村居民人均纯收入）。x_3（人均耕地面积）和x_6（公路密度）这2个解释变量则没有通过检验。

将筛选出的LL组空间趋同俱乐部影响因子引入模型（式1－13）中进行主成分分析，生成的主成分分析柱状图见图5－3，从LL组生成的主成分柱状图（图5－3）表明，LL组空间趋同俱乐部的重要解释变量对该空间俱乐部趋同发挥了95%的作用，比较重要的解释变量起到了5%的作用。

但是，主成分 Comp. 1 和主成分 Comp. 2 包含哪些影响因子的解释变量还不清楚，还需借助由 S-Plus 软件计算生成的主成分分析报告（表 5 –4）。

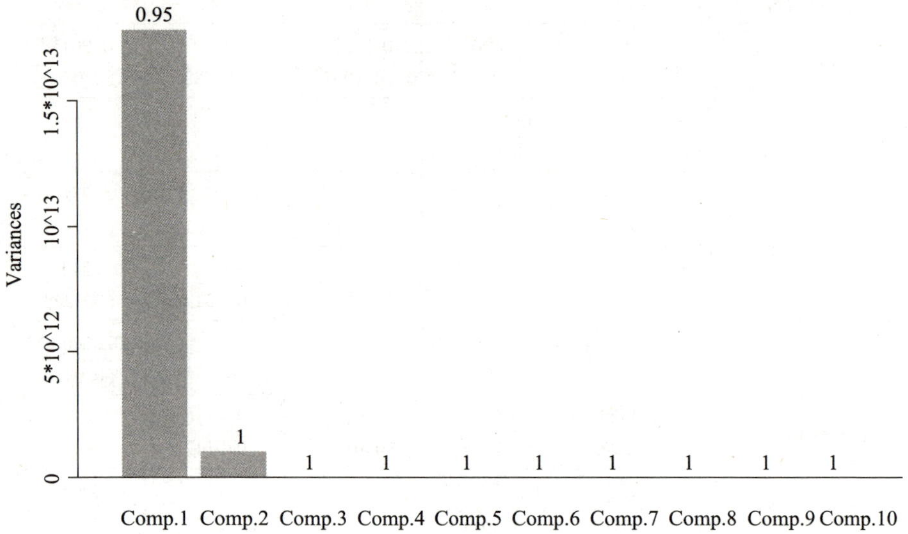

图 5 –3　中原经济区 LL 组空间俱乐部趋同主成分分布

表 5 –4　中原经济区 LL 组空间俱乐部趋同影响因子

Comp 解释变量	Comp. 1	Comp. 2	Comp. 3	Comp. 4
X_3				
X_6				
X_7		*		
X_{12}	*			
X_{14}	*			

说明：(1) 表中带“*”号的解释变量为该主成分所包含的解释变量；
(2) 该表是用 S-Plus 软件计算所得。

从表 5 –4 可以看出，LL 组空间趋同俱乐部重要的解释变量为 x_{12}（全社会固定资产投资占 GDP 的比重）和 x_{14}（农村居民人均纯收入），这 2 个解释变量对 LL 组空间俱乐部趋同起到了重要作用，x_7（年末总人口）起到了比较重要的作用，而 x_3（人均耕地面积）和 x_6（公路密度）这 2 个解释变量很不显著，没有通过检验，这也与模型（式 1 - 13）回归分析的结果一致。从 LL 组双重检验出的解释变量来看，LL 组空间趋同俱乐部重要的影响因子为投资水平和市场需求，比较重要的影响因子为人口与人力资源，一般影响因子则没有检验出来。说明中原经济区 LL 组空间趋同俱乐部成员的工业基础普遍比较薄弱，其交通优势和区位优势相对较弱，这些成员均位于中原经济区的东部边缘，主导产业主要以传统的农业生产为主，而选取的地理环境与自然资源禀赋中的人均耕地面积则没有通过检验，说明这些成员区正在由传统的农业生产向其他产业转移，特别是这些成员区大量的农村剩余劳动力已经转移到其他城市进行务工、经商、办服务性行业去了，农业收入仅占农村居民人均收入份额较少所致。产业结构所代表的解释变量没有通过检验，说明 LL 组空间趋同俱乐部的成员区，工业基础比较薄弱，工业发展相对滞后。另外，具有地方效应的全局性因子所设的解释变量没有一个顺利通过筛选，表明该区的区域发展政策、对外开放程度、市场化水平、教育程度以及科技进步相对迟缓。

三、小结

依据改进的 β 趋同回归模型（式 5 - 2）和固定效应的空间滞后模型（式 1 - 13），对中原经济区所形成的 HH 组及 LL 组 2 个空间趋同俱乐部筛选出的影响因子进行了严格的双重检验，检验结果发现，对中原经济区 HH 组和 LL 组 2 个空间趋同俱乐部筛选出影响因子的解释变量有的没有通过检验，如 HH 组空间趋同俱乐部筛选出的铁路密度、LL 组空间趋同俱乐部筛选出的人均耕地面积及公路密度，说明对筛选出的影响因子解释变量进行严格的双重检验是必要的。利用 S-Plus 软件，对 HH 组和 LL 组空间趋同俱乐部筛选出的影响因子做主成分分析。依据主成分分析结果，HH 组空间趋同俱乐部的投资水平、产业结构、市场化水平、区位条件和人口与人力资源顺利通过了检验；LL 组的投资水平、市场需求以及人口与人力资源顺利通过了检验。依据主成分分析报告发现，中原经济区 HH 组空间俱乐部趋同的重要影响因子为投资水平和产业结构，比较重要的影响因子为市场化水平和区位条件，一般影响因子是年末总人口。LL 组重要的影响因子是投资水平和市场需求，比较重要的影响因子是年末总人口。

从上述双重检验的结果来看，中原经济区 HH 组空间趋同俱乐部的成员普遍具有很好的工业基础，第二产业经济规模较大，具有较高的市场化水平和较好的区位优势，人口规模大，规模经济表现较为突出；而 LL 组空间趋同俱乐部成员均位于中原经济区的东部边缘，主导产业以传统的农业为主，工业基础相对薄弱，工业发展相对滞后，带动经济增长主要依靠固定资产投资，没有主导产业支撑，自然环境与自然资源禀赋也不突出，反映了该区必须改变过去传统的生产方式，调整产业结构，改善交通条件，扩大市场需求，提高市场化水平，加大科技投入，依靠科技进步，不断缩小与 HH 组经济之间的差异，最终走向协调和可持续发展之路。

第 6 章

中原经济区空间俱乐部趋同形成和演进机制研究

空间趋同俱乐部的形成和演进机制离不开空间依赖和空间溢出。本研究采用具有区域空间相关性的探索性空间数据方法，通过构建空间权重矩阵，测度空间自相关，依据 Moran's I 散点图对中原经济区进行区域空间分组，得到了 HH 组、HL 组、LH 组和 LL 组 4 个分组，分组划分的依据是各区域的空间依赖模式。不同的研究分组为何会出现异样的空间依赖模式呢？这是由不同研究区域经济行为的空间异质性和区域经济增长的局部地理溢出效应的作用结果。具体来讲，是由于经济行为在地理空间中的分布不是均质的，另外，还存在区域经济增长局部的地理溢出，使得某一区域的经济增长仅仅得益于该区域的知识积累，进而形成了增长的不均衡空间分布，即不同的空间依赖模式。事实上，依据探索性空间数据方法对研究区域进行的空间区域分组，以及分组后进行的趋同检验，均将空间的相互作用因素视为影响空间区域组划分及俱乐部趋同形成及演进的相当重要的影响因素。

现有考察空间相互作用因素对空间俱乐部趋同形成及演进影响文献，

按照其使用方法可分为两类，一类是以 Baumont 等为代表的依据空间计量方法，而另一类就是以 Quah（1993a，1996a，1996b，1997）等为代表的增长分布演进法。需要说明的是，本研究在空间俱乐部趋同的检验中并没有采用增长分布演进法，没有采用的理由，主要是该方法不能全面的剖析各影响因素的空间相互作用，难以解释空间趋同俱乐部形成及演进机制。为此，本研究主要是以空间依赖、局部的或全局的地理溢出为依据，依靠其影响因素及其相互间的作用探讨解释空间俱乐部趋同的形成和演进机制。

一、构建空间俱乐部趋同形成机制分析模型

空间计量模型对空间俱乐部趋同形成机制的解释是围绕局部地理溢出和空间依赖进行的，如何测度地理溢出及空间依赖呢？事实上，地理溢出及空间依赖的测度主要反映在空间计量模型的设计方面。空间滞后模型（式 1－5）和空间误差模型（式 1－9）均可测度空间依赖的具体形式，而空间截面模型（式 1－6）可以测度局部的或全局的地理溢出。在第 3 章对空间俱乐部趋同的检验中，我们已经了解各个空间计量模型的形式，但并没有对这些模型中隐含的趋同机制进行详细的表述。因此，很有必要从空间俱乐部趋同的形成及演进机制对上述空间计量模型进行必要说明。

本研究在第 3 章使用的空间滞后模型为式（1－5），为了更清楚地了解该模型隐含的趋同机制，本研究对式（1－5）进行移项，并合并同类项后式（1－5）就转变了式（6－1）：

$$(I-\rho W)\frac{1}{T}\ln\left(\frac{\overrightarrow{gdp_{iT}^{j}}}{gdp_{i0}^{j}}\right)=\alpha S+\beta\ln(\overrightarrow{gdp_{i0}^{j}})+\mu \tag{6-1}$$

在式（6－1）两边同时乘以 $(I-\rho W)^{-1}$ 后可得式（6－2）：

$$\frac{1}{T}\ln\left(\frac{\overrightarrow{gdp^j_{iT}}}{gdp^j_{i0}}\right)=\alpha\ (I-\rho W)^{-1}S+\beta\ (I-\rho W)^{-1}\ln\ (\overrightarrow{gdp^j_{i0}})+(I-\rho W)^{-1}\mu \tag{6-2}$$

从式（6－2）表达式来看，该式（6－2）意味着，给定区域的经济增长率不仅受其自身初始年份人均 *GDP* 影响，同时还受到通过反向的空间转移矩阵$(I-\rho W)^{-1}$产生的其所在区域组内的其他所有区域的影响。可是，仅从纯粹趋同的角度来看时，这种解释相当困惑，因为很难说清楚它是否与经典的 β 趋同概念相一致，但至少我们可以认为这个形式应该能够在趋同意义下被小心解释（Baumont et al，2001）。误差过程的形式，则意味着一个特定区域的随机冲击，不仅影响了该区域，而且通过相同的空间扩散影响了其所属区域组内的其他所有成员。即空间滞后模型隐含着将空间趋同俱乐部的形成和演进，诠释为由增长的溢出效应引起的空间依赖产生了不同的空间趋同俱乐部。

空间误差模型隐藏着怎样的趋同机制呢？为了搞清楚此问题，同样也必须从空间误差模型的方程着手，本研究使用的空间误差模型的方程形式为（式1－9），根据 μ 与 ε^j 之间的关系，可以将式（1－9）改写为式（6－3）：

$$\frac{1}{T}\ln\left(\frac{\overrightarrow{gdp^j_{iT}}}{gdp^j_{i0}}\right)=\alpha S+\beta\ln\ (\overrightarrow{gdp^j_{i0}})+(I-\lambda W)^{-1}\mu \tag{6-3}$$

式（6－3）隐含着一个给定区域的随机冲击，并不仅仅影响着该区域的经济增长，而且通过空间转移矩阵（$I-\lambda W$）$^{-1}$，影响了其所在区域组内的其他所有成员的经济增长。那么，对特定区域经济增长的一个随机冲击，就会通过空间权重矩阵（$I-\lambda W$）$^{-1}$，影响着该区域组内的其他所有成员。对于不同的空间区域分组，其空间权重矩阵是不同的，所以，其（$I-\lambda W$）$^{-1}$就不同，那么，特定区域经济增长的一个随机冲击，对于该区域组内其他所有成员的影响也就具有了不同的模式，进而产生了不同的空间趋同俱乐部，这就是空间误差模型所隐含的空间俱乐部趋同的形成和演进机制。

此外，从第1章可知，式（1-9）还可以改写为式（1-11），而式（1-11）将内生的空间滞后变量与外生的空间滞后变量结合在了一起，揭示了两种不同的空间外溢效应，即局部溢出效应与全局溢出效应。事实上，区域i的经济增长率，通过内生的空间滞后变量也受其邻居区域加权平均增长率的影响，或者通过外生的空间滞后变量而受其邻居区域初始人均GDP水平影响。尽管空间误差模型可以改写成同时包括局部溢出和全局溢出的表达形式，但其对局部溢出与全局溢出的估计不是直接的，需要通过一系列复杂换算，因此，在需要同时测度局部溢出与全局溢出效应时，比较理想的选择是López-Bazo等（2004）提出的空间截面模型，即式（1-8）。经过该模型回归后，如果τ和ρ均显著为正，则存在积极的区域空间溢出效应（含全局溢出和局部溢出）。如果τ通过了显著性检验，而ρ没有通过，则说明该区域组内存在显著的局部溢出效应，但并不存在明显的全局溢出。相反，如果ρ通过了显著性检验，而τ没有通过，则说明该区域组内存在显著的全局溢出效应，但并不存在明显的局部溢出。另外，当τ和ρ均通过了显著性水平检验后，还可以通过比较二者绝对值的大小，来判断局部溢出效应和全局溢出效应的大小。当局部溢出效应大于全局溢出效应时，即空间溢出更倾向于局部性时，就会产生了不同的空间趋同俱乐部。

总之，空间计量方法对空间俱乐部趋同的形成和演进机制可以解释为：在经济行为的空间异质性和经济增长的局部空间溢出效应的共同作用下，形成了经济增长不均衡，即不同的空间依赖模式，依赖模式相同的区域，出现了增长区域的集聚，随着增长持续，集聚的程度不断提高，进而产生空间俱乐部趋同现象。

二、中原经济区空间俱乐部趋同形成和演进机制分析

依据探索性空间数据方法对研究区域进行的区域分组，其实质就是按照空间依赖模式的不同而划分的。因此，解释不同的空间依赖模式就是解释空间趋同区域组的形成，所以，经济行为的空间异质性和增长的局部地理溢出是空间俱乐部趋同的原因。至于趋同检验，由上文的分析可以看出，空间计量检验需要借助β趋同回归模型的 OLS 估计及 White 检验，经考察得到的诊断性检验值，来选取合适的空间计量模型。空间滞后模型（式1－5）和空间误差模型（式1－9）主要考察空间依赖模式，而空间截面模型（式1－6）是用来考察地理溢出是否为局部溢出或全局溢出。

中原经济区空间趋同俱乐部的形成和演进机制，需要依次利用上述空间计量模型对空间区域组进行检验。该工作实际上在第 3 章中已经做过，因此，对其具体的检验过程，这里不再赘述，只需对本研究检验得到的结果，做更为详尽的机制方面的解释。根据空间计量模型对各空间区域组进行的趋同检验，得到中原经济区存在 2 个空间趋同俱乐部，即 HH 组空间趋同俱乐部和 LL 组空间趋同俱乐部，在空间误差模型（式1－9）和空间滞后模型（式1－5）中，适合这两个组的是空间误差模型（式1－9），另外，为了考察地理溢出的全局性与局部性，还需构建形如式（1－8）的空间截面模型。因此，在第 3 章的趋同检验中，分别利用了空间误差模型和空间截面模型，得到的结果如表3－4 所示。为了更方便研究中原经济区空间趋同俱乐部的形成和演进机制，本研究将最终检验所形成的 HH 组空间趋同俱乐部和 LL 组空间趋同俱乐部的检验结果列表如6－1 所示。

依据空间误差模型对 HH 组和 LL 组的回归结果可以看出，β的回归系数显著为负，表明了这两个空间区域组内均存在空间俱乐部趋同现象。为

何 HH 组和 LL 组存在空间俱乐部趋同现象？即这两个组里的空间趋同俱乐部的形成和演进机制是什么？要想弄清楚这个问题，需要从 λ 的分析入手，测度回归残差之间空间相关程度的系数 λ。结果发现，HH 组和 LL 组均通过了显著性水平检验，且 HH 组的 λ 值稍大于 LL 组的 λ 值。表明一个给定组（HH 组、LL 组）内的区域随机冲击并不仅仅影响该区域的经济增长，而且通过空间转移矩阵 $(I-0.94386W_{HH})^{-1}$ 及 $(I-0.90113\ W_{LL})^{-1}$ 影响了 HH 组及 LL 组内的其他所有成员的经济增长。显然，HH 组和 LL 组的空间权重矩阵（即 W_{HH} 和 W_{LL}）是不同的，而且回归残差之间的空间相互程度 λ 值也不相同。因此，中原经济区 HH 组和 LL 组内特定区域经济增长的一个随机冲击对于其所属区域组内其他所有成员的影响模式不同，正是这种不同模式产生了 HH 组和 LL 组两个不同的空间趋同俱乐部。

表 6－1　空间趋同俱乐部机制检验结果

区域 / 回归结果	HH 组		LL 组	
	ML-ERR	ML-CRS	ML-ERR	ML-CRS
回归系数				
α	0.19940 (0.00000)	0.10967 (0.12990)	0.21309 (0.00000)	0.03077 (0.56632)
β	－0.01299 (0.01899)	－0.01510 (0.02300)	－0.00779 (0.04210)	－0.00496 (0.27993)
λ	0.94386 (0.00000)		0.90113 (0.00000)	
ρ		0.00033 (0.32144)		0.01609 (0.04233)
τ		0.47563 (0.00000)		0.35682 (0.00000)
趋同速度	0.01044	0.01611	0.00590	0.00031
模型检验				
R^2	0.42007	0.32012	0.22380	0.20133
LIK	163.62	159.37	419.68	432.59
AIC	－299.69	－310.31	－865.59	－830.22

续表

区域 回归结果	HH 组		LL 组	
	ML-ERR	ML-CRS	ML-ERR	ML-CRS
模型检验				
SC	-311.54	-300.81	-875.09	-829.30
sigma sq.	0.00036	0.00040	0.00026	0.00020
诊断检验				
异质性检验				
BP	0.8977 (0.0364)	4.2399 (0.0151)	1.2654 (0.009)	9.8971 (0.0012)
空间依赖诊断				
LR	29.3640 (0.0000)	21.4632 (0.0000)	41.9807 (0.0000)	13.9662 (0.0002)

从表6-1可以看出，依据空间截面模型对HH组和LL组回归的结果，β的回归系数均显著为负，表明两个空间区域组内均存在空间俱乐部趋同现象，从而佐证了空间误差模型的判断。另外，测度增长溢出效应的τ均显著为正，表明HH组和LL组内存在积极的局部溢出效应，并且，HH组内的增长局部溢出效应要高于LL组内的增长局部溢出效应。测度增长全局溢出效应的ρ仅在LL组内通过了显著性水平检验，表明区域经济增长全局溢出效应仅显著存在于LL组内，且其显著程度及数值均低于该组内经济增长的局部溢出效应，HH组内并不存在显著的全局溢出效应。因此，在HH组和LL组内，增长的溢出效应总是倾向于局部溢出，正是由于这种局部溢出效应产生了不同的空间趋同俱乐部。

总之，从空间计量方法检验结果来看，两个空间趋同俱乐部（即HH组空间趋同俱乐部和LL组空间趋同俱乐部）的形成，确实受到了不同的空间依赖模式和地理溢出效应的局部化倾向等影响。简而言之，无论是HH组内还是LL组内，增长的空间溢出效应总是倾向于局部性的，使得两组内特定区域增长的一个随机冲击，对于其所属区域组内其它所有地区的影响具有不同模式，空间依赖模式相同的区域出现了经济增长的集聚。

三、小结

依据空间误差模型和空间截面模型，对中原经济区空间趋同俱乐部的形成及演进机制进行检验，较好地解释了中原经济区空间趋同俱乐部的形成和演进过程。具体而言，中原经济区空间趋同俱乐部的形成和演进机制是在经济行为的空间异质性和经济增长的局部地理溢出效应的共同作用下，形成了经济增长的不均衡分布，即 HH 组和 LL 组两种不同的空间依赖模式。由于在不同的组（HH 组、LL 组）内各成员之间的相互作用程度高于 HH 组与 LL 组之间各区域的相互作用程度（即统一的力量大于分离的力量），因此，HH 组（LL 组）内的区域出现了增长方式的集聚。伴随着增长的持续，HH 组（LL 组）的集聚程度也随之提高，两组之间产生了经济增长差异，从而形成 HH 组和 LL 组两个空间趋同俱乐部。

第 7 章

中原经济区经济持续协调发展的途径研究

本研究借助探索性空间数据方法对研究区域进行了识别与检验，把研究区域分成了 HH、HL、LH 和 LL4 个组，其中 HH 组是高收入及高收入的邻居区域组，HL 组高收入及低收入的邻居区域组，LH 组是低收入及高收入的邻居区域组，LL 是低收入及低收入的邻居区域组。按照区域分组结果，本研究将 HH 组包含的成员称为经济发达地区区域组，HL 及 LH 所包含的区域组成员称为经济一般发达地区区域组，LL 组所包含的成员称为经济欠发达地区区域组。依据 OLS 检验及 White 检验的结果，从空间滞后模型、空间误差模型及空间截面模型中选取合适的模型对上述分组进行检验。检验结果发现，在中原经济区的 HH 组和 LL 组内存在俱乐部趋同现象，即在中原经济区内部形成了 HH 组空间趋同俱乐部和 LL 组空间趋同俱乐部。根据空间趋同俱乐部不具有“遍在性”的特征，本研究认为，空间趋同俱乐部的形成主要是由地方因子以及具有地方效应全局因子共同作用的结果。基于此，本研究以地方因子和具有地方效应的全局因子构建了中原经济区空间趋同俱乐部影响因子分析框架。使用本研究构建的固定效应的空间滞后模型和固定效应的空间误差模型分别对中原经济区 HH 组和 LL

组空间趋同俱乐部的影响因子进行了筛选，而后借助改进后的β趋同回归模型和固定效应的空间滞后模型（做主成分分析）对筛选出的影响因子进行严格的双重检验，检验出来HH组和LL组空间趋同俱乐部的重要影响因子、比较重要的影响因子和一般影响因子，以及这些影响因子对该空间俱乐部趋同的作用程度。而后依据研究时段不同年份各空间趋同俱乐部成员数量的变化和空间误差模型及空间截面模型对中原经济区空间俱乐部趋同检验的结果，发现中原经济区空间趋同俱乐部的形成和演进主要是受不同的空间依赖模式及局部地理溢出作用的结果。为此，中原经济区经济要想持续协调健康发展，必须改善中原经济区经济发展的依赖模式，打破地方行政界限的限制，制定政策和手段扩大局部溢出范围，才能使整个中原经济区的经济发展更加持续、协调、健康。

一、中原经济区全区经济持续协调发展路径

（一）中原经济区经济发展现状分析

中原经济区位于我国腹地，处于东、中、西部三大交接地带的交界处，承东启西、连南贯北，在全国区域格局中具有难以替代的枢纽地位。土地面积28.9万平方公里，交通优势突出，我国主要的铁路、公路干线和第二条亚欧大陆桥贯通其中。经济总量大，截至2016年底，中原经济区总人口达到1.64亿人，约占全国人口总量的11.85%；生产总值为6.14万亿元，约占全国GDP的8.2%，经济总量仅次于长三角、珠三角及京津冀，是我国区域经济发展的第四增长极，但人均水平低，人均水平排在全国的第20位。产业结构层次偏低，经济发展主要依靠传统产业部门支撑，产业结构发展不平衡问题严重，从统计报告披露的数据分析，2016年中原经济区主体区三次产业比重为3.8：42.4：53.8，为“三二一”模式，但

17个省辖市中仍有8个省辖市为“二三一”模式。第一产业比重为3.8%，有10个城市第一产业比重大于主体区水平；第三产业比重为53.8%，有12个城市第三产业比重小于主体区水平。可见2016年中原经济区主体区总体产业结构渐趋协调，但各城市间产业结构发展差距较大，主要是现代服务业发展滞后，还需进一步调整产业结构、优化产业升级，促进各城市间产业结构平衡发展。中原经济区人口比较稠密，但城镇化水平低，2016年中原经济区的城镇化率仅为48.27%，中原经济区主体区的城镇化率为48.5%，城镇化率在全国排在倒数第七的位置，突出表现在农村人口众多，影响了中原经济区的城镇化水平。在投资方面，中原经济区突出表现是投资需求大、投资强度偏低、消费需求偏低、消费增长潜力大、财政收入水平低及地方政府财力困难等。

中原经济区经过多年的积累和发展，具有一定的产业基础，比如食品工业、制造业等在我国占有一定地位。但整个中原经济区内部发展差距较大，发展不平衡。与我国的东部沿海相比，全区总体上发展水平还比较低，是一个明显的经济发展洼地。尤其是京广线以东的广大平原地区，包括商丘、开封、周口、信阳、驻马店、濮阳、淮北、宿州、阜阳、亳州、菏泽、聊城等地，由于农业人口众多，农业比重大，工业化、城镇化水平低，“三农”问题尤其突出，城乡二元矛盾非常尖锐，洼地效应更为明显。

（二）中原经济区经济持续协调发展的途径

依据中原经济区空间趋同俱乐部的形成和演进机制主要是由空间依赖模式和局部地理溢出结果，同时根据各空间趋同俱乐部检验出的重要影响因子及其作用强度等。本研究认为，中原经济区区域经济持续协调发展的途径主要有以下几个方面：

1. 加大教育投入力度，不断提高科技水平

科学技术是第一生产力。一个区域的经济发展，只有把科学技术搞上去，才能够支撑核心科技创新，培育区域发展的核心竞争力。只有把教育，尤其是高等教育搞上去了，人才培养力度不高、人才支撑不强和人才储备不足以及学生上学难问题才能真正解决。不论是早期18世纪英国的工业革命，还是后来德国经过19世纪后半叶的持续努力，到20世纪初成为世界经济与科学中心；再看看美国第二次世界大战以后，通过优惠政策吸引全球的科学精英促进本土发展，称霸世界几十年；我国的深圳，在20世纪80年代，通过宽松政策吸引中级职称以上科技人员，90年代在全国率先提供科技创业支持等政策，吸引全国大批年轻科技人才集聚深圳，使其由一个小渔村发展成为当今全球著名的科技产业集聚中心等等事实。上述这些都充分说明，科技教育是支撑一个国家或地区高速发展不竭的动力。真正让中原经济区建设形成一种内生动力，那就要在科技教育发展上下功夫，用更长远的观点，更加宽阔的胸襟，更加开放的思路，继续加大科技投入力度，增加高校科研经费和基础建设经费，做大做强中原经济区高等教育事业，为中原经济区的经济发展提供源源不断的科技支持。以专业人才培养为重点，加强技术创新队伍建设。要加快培育一批年富力强、具有创造性的中青年科技人才、管理人才和高级技工。采取持股、技术入股、提高薪酬等更加灵活的政策措施，吸引国内外高水平、高层次的专业技术人才，加快高素质、创新型、复合型人才的引进，培养一支高素质的高级工程技术人员队伍，为中原经济区产业长远发展造就雄厚的后备力量。要建立有效的国际化人才引进机制，积极参与国际人才竞争，提升人才开发的国际化水平，拓展人才开发的空间，充分利用全球人才资源，以多种方式吸引一大批高素质的国际化人才。

另外，为了吸引大量的高端人才来中原创业，中原经济区要相应出台

持续的、长久的、能够吸引人才来中原经济区服务的优惠政策，采用引进来走出去的办法，不断增加人才储备，吸引高层次人才来中原创业，为中原经济区经济持续快速发展做贡献。

2. 加快培育战略性新兴产业集群

中原经济区要借助“一带一路”和国家给予的优惠政策，不断优化产业结构，抓住世界科技进步和产业结构调整机遇，在具有比较优势的领域加快培育高新技术产业，培育新的经济增长点。鼓励自主创新，促进科技创新成果的产业化，大力扶持高新技术企业发展和产品研发，积极引进国内外高新技术企业，整合资源，重点突破。着力培育节能环保产业，提高能源利用效率和优化能源消费结构。培育新一代信息技术，主要是物联网与互联网的结合，重点聚焦下一代通信网络、物联网、三网融合、新型平板显示、高性能集成电路和高端软件等。培育生物产业，主要面向生物医药、生物农业、生物制造、生物能源和生物环保等。培育以绿色和低碳技术为标志的新能源产业，包括水电、核电、风力发电、太阳能发电、沼气发电以及地热利用、煤的洁净利用等。培育新材料产业，主要包括微电子和光电子材料和器件、新型功能材料、高性能结构材料、纳米材料和器件等。培育以新能源驱动发动机的新能源汽车产业，培育高端装备制造业，积极推进空间基础设施建设，促进其他应用产业发展。依托客运专线和城市轨道交通等重点工程建设，大力发展轨道交通装备。强化基础配套能力，积极发展以数字化、柔性化及系统集成技术为核心的智能制造装备。加大产业链前端产品研发和后端推广应用支持力度，争取在节能环保、新型电池、创新药物、非金属功能材料等产业化上实现大的突破。重点扶持一批高成长性企业，巩固电子元器件、新型电源两个优势产业，做强半导体材料及太阳能电池、新型显示材料及精深加工、超硬材料及制品三大产业链，以龙头企业为依托，培育高新技术产业集群。

3. 加强基础设施建设，提升中原经济区区位优势

中原经济区不沿江，不靠海，但是地理位置位于全国中心，现有全国干线铁路四通八达，高速公路已经形成网络，高速铁路建设全面推进，目前以郑州为中心涵盖中原的“米”字形高铁运输网络已基本形成，还有拥有全国八大枢纽机场之一的新郑国际机场，以及与其配套的铁路、公路等设施，基础设施条件在全国中西部地区堪称一流，正逐步进入发展条件相对成熟期。近几年，有不少世界跨国公司开始进入中原经济区投资发展，特别类似富士康这样的高科技公司已经顺利落户郑州航空港，标志着投资环境已经初步具备接纳高端跨国公司的条件。但是，目前该地区最大的制约因素仍然是投资不足，发展相对迟缓，人均 GDP 不足全国平均水平的 80%，而且缺乏高科技、高成长、高影响、高贡献的重大项目。借鉴全球发达地区的经验，下一步必须在高端基础设施建设方面形成新优势，特别是在郑、汴、洛、新、焦等地区，对高速铁路、国际机场、城市轨道交通、保税区等高端生产要素影响显著的领域，集中规划投资，彻底改善中原经济区基础设施对重大投资项目的制约，在降低商业成本，特别是运输成本上下大工夫，为流动性好、投资回报率高的资本大举进入创造条件。大胆探索内陆人口稠密地区通过改善基础设施条件，放大综合性交通枢纽与物流中心的优势，加快地方经济社会发展，实现中原崛起。

4. 培育服务配套产业集群，提升第三产业的服务质量和水平

加快培育生产性服务业，以此拉动上下游相关产业发展，加速经济转型。如充分利用区位优势培育现代物流业、金融保险、科技服务等产业，做强商贸流通业。培育形成出版、印刷、发行基地，影视制作基地，创意、动漫游戏等新兴文化产业基地。如，对陈家沟太极拳的推广，可以联手动漫产业开发动画片、网络游戏等，可以开办学校。对佛学、道德经、

诗圣文化进行宣传和推广，对造纸术、印刷术、朱仙镇木版年画等古老艺术进行实景再现，对梁祝爱情传说进行实景演出，通过动静结合的方式运用科学技术把文化转化为生产力。引导房地产业发展与城镇化进程相适应，壮大房地产业规模和实力。

5. 提高城镇化水平，努力培育新的增长极

城镇化是农业人口向非农业人口转移和城镇转移、农村逐步融入现代化市场经济的一个发展过程。城镇化是促进欠发达地区经济发展的主要手段，也是突破城乡二元结构、缩小城乡社会差距、推进区域协调发展的重要途径。城镇化可以直接带动基础设施建设和房地产等产业的发展，对国民经济发展具有较强的拉动作用，在拥有良好交通通讯等公共基础设施和完善的生产、流通、金融与服务体系的城镇和城市，知识与技术的交流与外溢的可能性要大得多，从而更容易创造出新的产品与生产方式，继而产生经济收益递增效应，能更加有效地促进工业与第三产业发展。随着城镇化水平的提高，城镇公共基础设施建设水平不断提高和生活环境不断改善，有利于把更多项目带进来，把经济发展所需人才，特别是高级创新型人才、科学技术人才与经济管理人才引进来和留下来，提高自主创新能力，推进产业结构调整和优化升级，促进工业与第三产业健康稳定可持续发展，创造出更多新的工作岗位，不断提高城镇化水平。城镇化提高的过程中新增工作岗位，能够不断吸引农村剩余劳动力实现非农就业，从而加速农转非过程，随着城镇人口不断增加，农村人口在不断减少，有利于提高国内需求水平，特别是农产品的有效消费需求，为农业产业化和现代化发展提供广阔的市场空间；有利于增加农业人口人均耕地面积，提高农村土地的集约经营程度，为农业发展提供丰裕的土地资源；有利于促进工业反哺农业，城市支持农村等支农政策的高效实施。

加快中原经济区城市产业集聚区建设，以交通干线为纽带，以城市为

载体，整合区域资源，加强分工和协作，通过产业基地、集群和园区建设、继续培育形成四大产业发展带。重点推进郑汴洛城市工业走廊建设，促进产业向优势区域聚集，逐步建成以现代制造、高新技术、能源、石化等产业密集区为支撑，以沿线城市为结点的产业发展带。促进新乡——郑州——许昌——漯河能源、原材料和化工产业带发展。围绕郑、汴、洛、许、新五市的产业优势，大力发展高端装备制造业和高新技术产业，加快形成先进装备制造、汽车、有色冶金、石油、化工、食品、烟草、纺织业产业集群，培育电子信息、生物医药、新材料和新能源等高新技术产业集群。不断发展壮大中原城市群的核心城市，努力培育新的增长极，打破不同城市之间经济发展的壁垒，提高经济发展的全局溢出效应，在中原经济区增长极的引领和协同作用下，重点推进经济发展的局部空间溢出效应，使整个中原经济区的经济得到持续协调快速发展，逐步缩小与东部沿海的经济差距。

6. 提升民营经济的发展水平

建设中原经济区，加快中原崛起、振兴中原，必须坚定不移地贯彻落实党的十七大提出的“毫不动摇巩固和发展公有制经济，毫不动摇地鼓励、支持、引导非公有制经济发展”的方针，坚决贯彻落实国务院《关于促进中小企业发展的若干意见》《关于鼓励和引导民间投资健康发展的若干意见》，把民营经济发展摆在更加突出的位置，为民营经济发展创造更加宽松、和谐的环境，切实增强民营企业创新能力和市场竞争力，提升民营经济发展的整体水平。首先，要拓展民营经济发展空间，进一步调整民间资本的市场准入政策。认真贯彻鼓励、支持和引导非公有制经济发展的方针，允许非公有资本进入法律法规未禁入的所有行业和领域，并在投资、税收、土地使用等方面与其他企业享受同等待遇，鼓励和支持非公有资本参与国有企业改制、改组、改造，鼓励和支持非公有制企业在商贸流通、金融服务、市政公共事业、政策性住房建设、基础产业和基础设施等投资。鼓励和引导民营企业投资教育、医疗等社会事业，加快解决关系民生的上学问题、看病问题。引导和鼓励民营企业开展跨地区、跨行业兼并重组。鼓励和支持民间资本在国内合理流动，实现产业有序梯度转移。加大政策扶持力度，完善民营经济服务体系，加快建设中小企业创新基地、中小企业公共服务平台、特色大厦和特色园区。加大对非公有制经济的财税支持。对直接涉农的高风险中小金融机构和主要承担非公有制企业信贷扶持的银行业机构在税收政策上给予适当减免和优惠。其次，要不断完善民营经济社会服务体系。培育和维护平等竞争的投资环境，积极营造有利于民营经济发展的社会氛围，建立健全民间投资服务体系，培育和发展为民间投资提供服务的中介机构。必须进一步清理歧视民营经济的思想，加快经济理论创新步伐，为民营经济发展提供理论支持。逐一清除小农意识、仇富心理、民粹思想，积极营造有利于民营经济发展的社会氛围。清除妨碍平等竞争的规章制度，培育和维护平等竞争的投资环境。建立健全民间投资的服务体系，培育和发展为民间投资提供服务的中介担保体系，利用动产、股权注册商标专用权等担保融资，支持民营企业通过上市、发行债券直接融资。平等保护、公平竞争是社会主义市场经济的基本法则。在社会主义市场经济条件下，各类市场主体应当享有平等的权利和地位，遵循相同的竞争规则，平等使用生产要素，承担相同的责任。引导和支持民营企业扩大开放，引进资金、技术、人才，积极开拓国际市场。再者就是要不断提高民营企业自身素质。河南省委书记卢展工曾寄语民营企业家牢记“诚、和、创、韧、责”五个字，促进民营企业更好更快发展。“诚、和、创、韧、责”五个字，紧密联系，互为补充，形成一个完整的链条，深刻总结了民营企业发展的历史经验，高度概括了民营企业制胜的核心理念，道出了民营企业提升自我的基本路径和希望所在，符合河南民营企业的发展实际，是民营企业发展壮大的座右铭和实践要领。改革开放以来，河南省民营经济飞快发展，越来越成为国民经济发展的增长点和推进改革的重要力量。也要看到，与沿海地区相比，河南省民营经济发展的差距仍然很大。这种差距，不仅表现在企业规模、产品档次、技术装备等“硬件”上，也表现在对“诚、和、创、韧、责”这些“软件”的理解、融会和坚持上。中原经济区建设的大幕已经拉开，广大民营企业家要念好“诚、和、创、韧、责”五字经，以新的精神、新的境界、新的气魄，投身中原崛起、河南振兴的伟大实践中，做出无愧于时代的新贡献。

7. 制定优惠政策，继续提高对外开放程度

对外开放是建设中原经济区的重要途径。建设中原经济区，要抓住我国产业由东部向中西部加快转移的机遇，坚持对内对外开放并举，扩大总量与提高质量并重，引进来与走出去结合，不断拓展新的开放领域和空间，加快形成全方位、多层次、宽领域的开放格局，打造内陆开放高地，构建内外互动的开放型经济支撑体系。近年来，中原经济区通过开放经济、招商引资等多项措施促进经济发展，取得了明显成效，但影响中原经济区经济持续平稳较快发展的根本问题并未解决，长期积累的结构性矛盾非常突出，导致中原经济区近年来一些经济指标增速相对减慢，区域竞争压力越来越大。

目前国家实施积极的财政政策和稳健的货币政策，重点是处理好保持经济平稳较快发展、调整经济结构与管理通胀预期的关系，把稳定价格总水平放在更加突出的位置，信贷投放强调严把总闸门，经济发展将面临趋紧的宏观环境。要破解经济发展中的资金约束，一方面靠改革创新，创新投融资机制，发展政府投资对民间投资的带动作用，积极引导社会资本投入；另一方面就是靠扩大开放，靠大规模招商引资解决资金问题，解决项目、管理、技术、人才问题，通过大规模承接产业转移解决产业产品结构

调整问题。可见，中原经济区要保持经济持续较快发展，要加快转变发展方式，解决结构性矛盾的重要途径就是发展开放型经济，构建内外互动的开放型经济支撑体系。中原经济区要加快对外开放程度，具体要从以下几个方面努力：

一是构建对外开放重要通道。经济地理优势使中原经济区在获取高效的商流、物流、信息流等方面处于极为有利的地位。中原经济区主体区人口众多，是我国的一个人口密集区域，市场潜力不可忽视，人均收入虽不高，但仍不失为国内消费市场的重要组成部分。近年来，中原经济区的区位优势、劳动力和资源优势及配套优惠政策正吸引越来越多的外商前来投资。中原经济区充分利用境外资金、省外资金，培育了一大批外向型项目和产业，许多项目已陆续开始投产并实现出口，成为中原经济区扩大出口的重要增长点。因此，中原经济区要发挥现有交通干线的作用，加强出海大通道能力建设，东向连接长三角、山东半岛，北向连接京津冀，西向经亚欧大陆桥至大西洋，增开郑州通往北美、欧洲、东北亚、东南亚国际航线，改善对外开放的区位条件，降低物流成本，扩大国际贸易规模。加强铁路、航空口岸建设，推进口岸大通关协作，强化铁海联运、铁空联运。河南省已获准设立中部地区首个综合保税区，河南保税物流中心顺利通过验收，使河南在中部地区率先打开了一条发展外向型经济的重要通道；安阳、南阳高新区升级为国家级高新区，漯河、鹤壁和开封经开区升级为国家级经济技术开发区。全面推行外商投资项目无偿代理制，完善外来客商投诉处理机制，开展外来投资企业大回访活动，全省重商、亲商、富商、安商氛围更加浓厚。富士康、嘉里集团、美国联合包裹服务公司等跨国企业的成功引进，标志着河南省开放程度、承接能力、整体环境达到了新的水平。

二是构建对外开放重要平台。中原经济区作为内陆地区，不沿海、不沿边、不沿江，要在扩大开放竞争中赢得主动，必须加强基础设施和配套支撑条件建设。完善的基础设施和服务功能是一个地区培育竞争优势、积蓄发展后劲、承接产业转移、实现跨越式发展的前提条件。加快建设高速公路网、快速交通网、电网、信息网、水网、生态系统为重点的支持体系。进一步降低商务成本，提升承接转移、扩大开放的吸引力、竞争力。发挥城市新区和产业集聚区的载体作用，不断提升基础设施、公共服务、产业支撑和集聚发展等能力，大力引进战略投资者，积极开展多层次、全方位区域合作，承接高水平产业转移，打造对外开放的示范区和主平台。

三是要积极有效利用国内外投资。中原经济区要继续创新招商引资机制，围绕战略支撑产业、战略性新型产业、现代农业、现代服务业、公用基础设施等重点领域，高起点承接沿海地区和国外产业转移。积极开展产业链对接招商，依托产业进行链条式的结构扩大，引进上下游产品或上下游配套生产经营企业，拉长、拓宽产业链条。大力推动以商引商，推动现有投资者扩资、增资、引资，形成引进一个、建好一个、带来一批的“葡萄串联动效应”。强化专业招商，选聘专业人才，组织专业招商小分队，提高招商工作的实效性。注重委托招商，引入市场化招商机制，借助中介机构、外商集聚地商会、协会，利用它们的专业知识、专业队伍以及所拥有的资源招商。同时，要利用国家下放设立私募基金、创投基金、投资性公司审批权限的时机，抓住跨国直接投资在“后危机时代”的回升趋势，大力引进境外投资基金，鼓励和支持中原经济区更多的企业实现境内外上市。要以引进金融机构、完善金融体系、扩大融资规模为目标，加大金融招商力度，不断增强集聚力和竞争力。

四是优化内陆开放政策环境。中原经济区要建立健全发展开放型经济的政策体系，营造与国内外市场接轨的制度环境。制定完善引资政策，优化土地、环境、电力等重要资源配置，改善物流配送、生产研发、人才培训、企业融资、污染治理、质量标准等涉外公共服务体系，规范发展土地市场、产权市场、资本市场和各类中介服务机构，着力完善投资软环境，切实保障投资者合法权益，为产业发展创造条件。不断完善外商投资项目无偿代理制，进一步减少和规范行政审批，不断推出投资便利化措施。要进一步简化出境审批手续，为出境招商引资提供便利。要建立完善外来客商投诉处理机制和知识产权保护机制，加大外商投诉案件处理力度。进一步改进服务方式，提高服务水平，提升中原经济区在承接产业转移中的环境竞争力。在出入境、户籍、居住、医疗、子女教育等方面制定优惠政策，吸引外来高层次人才集聚。

二、中原经济区不同经济发展水平地区的经济持续协调发展途径

本研究依据中原经济区各空间趋同俱乐部的重要影响因子、比较重要的影响因子和一般影响因子以及上述影响因子对空间俱乐部趋同的作用程度，并根据空间误差模型和空间截面模型检验的结果，以及中原经济区空间趋同俱乐部的形成和演进机制，认为中原经济区不同经济发展水平地区的经济持续协调发展的途径有：

（一）中原经济区发达地区经济持续协调发展途径

HH 组内的空间趋同俱乐部成员大多分布在以郑州为中心、陇海铁路和京广铁路的沿线，从其顺利通过双重检验的影响因子来看，目前该空间趋同俱乐部重要的影响因子有投资水平、产业结构，比较重要的影响因子有市场化水平和区位条件，一般影响因子有人口与人力资源，而地理环境与自然资源禀赋、交通与信息、市场需求、区域发展战略、对外开放程

度、教育发展以及技术进步等则没有通过筛选和检验，说明该区的经济增长主要是依靠固定资产投资及制造业为主、其次是依靠非国有经济的快速发展以及较好的区位优势，人口与人力资源这一影响因子虽然通过了筛选和检验，但人口的规模效应或者说人口的红利在逐渐失去优势。通过对该空间趋同俱乐部的形成和演进机制结果来看，目前该区存在显著的局部地理溢出现象，全局溢出效应较弱，说明该俱乐部成员之间统一的力量大于分离的力量。依据上述研究结果，促进中原经济区发达地区的经济持续健康发展，必须打破地区之间的行政界限，在继续推进局部地理溢出效应的同时，扩大全局效应的作用，最终走向共同富裕。另外，中原经济区 HH 组空间趋同俱乐部的成员均是工业基础较好、市场化水平较高、区位优势明显、非国有经济发展较早的地区，这是中原经济区其他城市所不具备的、得天独厚的优势。目前，这些地区仍然是中原经济区的经济发达地区，如何继续保持这种优势，使这些地区经济的发展转上更加健康、快速、稳定，本研究认为应依据国家给予中原经济区的优惠政策，依托较好的区位优势，加大教育和高新技术的研发投入，改变传统的高投入、高能耗、高污染、低效益的经济增长模式，转变到依靠科技进步、转变生产方式、提高产品科技含量上来，改变由现在的生产加工到制造研发的轨道上来。

（二）中原经济区相对发达地区经济持续协调发展途径

对于 HL 组和 LH 组所属成员均为中原经济区经济相对发达地区，从这些成员在中原经济区的分布来看，这些成员大多位于中原经济区的外围地带，与 HH 组内各空间趋同俱乐部相比较，经济差距较大，从统计数据来看，与 HH 空间趋同俱乐部成员的经济差距还有进一步拉大的趋势，应引起有关政府部门的重视。从 HH 组空间俱乐部趋同的重要影响因子来看，中原经济区经济相对发达地区的经济要想持续健康快速增长，需要大力调整产业结构，发展科技含量高，环境污染少的低碳行业，不断提高市场化水平，加速推进第三产业的发展，加大对外开放力度和投资水平，以促进该区经济健康、快速发展。

（三）中原经济区欠发达地区经济持续协调发展途径

中原经济区欠发达地区空间趋同俱乐部成员主要分布在中原经济区的中东部，是中原经济区经济发展比较落后的地区，也是以传统农业为主的地区，促进该空间趋同俱乐部重要影响因子为投资水平和市场需求，其次是人口规模。这些成员与HH组空间趋同俱乐部的成员相比，虽然投资水平是其经济增长的重要影响因子，但与HH组成员固定资产投资相差甚远，此外，在产业结构、市场化水平、区位条件等方面差距较大。因此，要想不断缩小与HH组成员之间的经济差距，该区各成员应首先改变传统的经营方式和经营模式，大力发展农产品加工业。其次，沿海地区拥有较高的经济水平和技术水平，中原经济区欠发达地区的空间趋同俱乐部成员多位于中原经济区与沿海交界的前沿地带，具有独特的地理区位优势，应出台优惠政策，面向国内外进行招商引资，采取走出去，引进来的方式，不断加大招商引资力度，把沿海科技含量高的优势产业引进来，依托当地的人力资源，进行加工、生产、贸易，通过与沿海经济比较发达的城市结为友好城市，从资金、技术、人员等方面获取对方支援，不断缩小与中原经济区HH组空间趋同俱乐部成员之间以及沿海之间的经济差距，最终实现共同富裕。

第 8 章

结论与展望

一、研究结论

本研究以新古典经济增长理论、新（内生）经济增长理论和新经济地理学理论等为理论基础，依据空间依赖模式及空间局部溢出效应作为空间趋同俱乐部界定的基准，界定了空间俱乐部趋同的概念，在此基础上，构建了中原经济区空间俱乐部趋同的理论框架，对中原经济区空间俱乐部趋同进行了识别和检验，以地方因子和具有地方效应的全局因子构建了中原经济区空间趋同俱乐部影响因子分析框架，通过构建模型，对中原经济区空间趋同俱乐部的影响因子进行了筛选和双重检验，在此基础上，探讨了中原经济区空间趋同俱乐部的形成和演进机制。得到的主要结论如下：

（一）中原经济区内部形成了两个空间趋同俱乐部

依据探索性空间数据方法，根据中原经济区 30 个城市 2000—2016 年间人均 GDP 的常用对数，把研究区域科学地分成了 HH、HL、LH 和 LL4 个组。依据 OLS 回归和 White 回归检验结果，从空间滞后模型（式 1 –5）、空间误差模型（式 1 –9）和空间截面模型（式 1 –6）中选取合适模型，对4个分组分别进行了检验，检验结果发现，在2000—2016年时段内，HH组和LL组内存在空间俱乐部趋同现象。依据生成的Moran's *I*地图可知，中原经济区在HH组和LL两组内分别生成了一个空间趋同俱乐部，即中原经济区HH组空间趋同俱乐部和LL组空间趋同俱乐部。

（二）依据空间趋同俱乐部不具有“遍在性”的特征构建影响因子分析框架

根据空间趋同俱乐部不具有“遍在性”的特征，本研究认为导致空间俱乐部趋同主要是受地方因子以及具有地方效应的全局因子共同作用的结果。并以地方因子和具有地方效应的全局因子，构建了中原经济区空间趋同俱乐部影响因子分析框架。其中，地方因子包括地理环境与自然资源禀赋、信息与交通、人口与人力资源、投资水平、市场需求、区位条件和产业结构7个影响因子；具有地方效应的全局因子包括区域发展战略、对外开放程度、市场化水平、教育发展和技术进步5个影响因子。

（三）中原经济区空间趋同俱乐部影响因子筛选和检验

依据固定效应的空间滞后模型（式1-13）和固定效应的空间误差模型（式1-14），分别对中原经济区HH组空间趋同俱乐部和LL组空间趋同俱乐部的影响因子进行筛选，筛选的结果是，HH组空间趋同俱乐部有交通与信息、人口与人力资源、投资水平、区位条件、产业结构及市场化水平6个影响因子顺利通过了筛选。LL组空间趋同俱乐部有地理环境与自然资源禀赋、信息与交通、人口与人力资源、投资水平和市场需求5影响因子顺利通过了筛选。从HH组和LL组空间趋同俱乐部筛选出的影响因子来看，HH组筛选出的6个影响因子只有市场化水平这个具有地方效应的全局因子通过了筛选，其余5个影响因子均为地方因子；LL组筛选出的5

个影响因子全部为地方因子。

借助β趋同回归模型（式5－2）、固定效应的空间滞后模型（式1－13），对中原经济区HH组和LL组空间趋同俱乐部筛选出的影响因子进行了严格的双重检验，检验结果发现，HH组空间趋同俱乐部只有投资水平、产业结构、市场化水平、区位条件和人口与人力资源这5个影响因子顺利通过了双重检验；LL组有投资水平、市场需求、人口与人力资源3个影响因子顺利通过了检验。借助固定效应的空间滞后模型，利用S-plus软件分别对HH组和LL组空间趋同俱乐部再次进行检验，通过其生成的主成分分析报告，将分析报告可视化后，我们可得到HH组空间趋同俱乐部的重要影响因子有投资水平和产业结构、比较重要的影响因子有市场化水平和区位条件、一般影响因子是年末总人口。LL组空间趋同俱乐部的重要影响因子有投资水平和市场需求、比较重要的影响因子是人口与人力资源，无一般影响因子。根据其生成的主成分柱状图，可以看出HH组和LL组空间趋同俱乐部的重要影响因子、比较重要的影响因子和一般影响因子，以及这些影响因子对该空间俱乐部趋同的作用程度（见图5－2和图5－3）。

（四）经济行为的空间异质性和局部地理溢出导致了空间趋同俱乐部的形成和演进。

根据空间误差模型和空间截面模型对中原经济区空间俱乐部趋同检验的结果，不难发现，中原经济区空间俱乐部趋同的形成和演进机制是在经济行为的空间异质性和经济增长的局部地理溢出效应的共同作用下，形成了经济增长的不均衡分布，表现在HH组和LL组两种不同的空间依赖模式。组内各成员之间的相互作用明显高于组间的相互作用，即在组内（HH组、LL组）各成员之间统一的力量大于分离的力量，组间则相反。伴随着增长的持续，HH组（LL组）的集聚程度也随之提高，两组之间产生了经济增长差异，从而形成 HH 组和 LL 组两个空间趋同俱乐部。

二、创新与不足

（一）创新

1. 科学地界定了空间俱乐部趋同的概念

根据经济高发区在地理空间上表现为集中连片这一现象，而且又不具有“遍在性”的特征，本研究科学界定了空间俱乐部趋同的概念，即具有相同初始条件和结构特征且在地理空间上一阶相邻的一组区域的经济增长收敛于相同的稳态。相应地，这组区域就共同构成了一个空间趋同俱乐部，空间俱乐部趋同是一个过程，产生的结果是形成了空间趋同俱乐部。

2. 对空间俱乐部趋同的影响因子进行了科学的分类

依据空间趋同俱乐部不具有“遍在性”的特征，本研究认为造成空间俱乐部趋同的影响因子主要是由地方因子和具有地方效应的全局因子共同作用的结果，尤其是地方因子的作用，并以地方因子和具有地方效应的全局因子构建了中原经济区空间趋同俱乐部影响因子分析框架。通过对中原经济区空间趋同俱乐部影响因子的筛选及检验，发现中原经济区空间趋同俱乐部就是由地方因子和具有地方效应的全局因子共同作用的结果。

3. 对影响因子建立了严格双重检验的方法

本研究在进行影响因子检验时，首先依据 β 趋同回归模型（式 5 - 2）进行检验，依据各空间趋同俱乐部筛选出影响因子的显著程度，把显著程度较高的影响因子挑选出来，即完成了影响因子的首次检验。而后利用固定效应的空间滞后模型（式1－13），对各空间趋同俱乐部筛选出的影响因子再次进行检验（做主成分分析），比较这两次检验的结果，最终确定各空间趋同俱乐部的影响因子，借助S-plus生成的主成分分析报告，依据各影响因子对空间俱乐部趋同的作用程度，确定了各空间趋同俱乐部的重要影响因子、比较重要影响因子和一般影响因子。

4. 发现了中原经济区空间趋同俱乐部的形成和演进机制

依据改进的β趋同回归模型、空间误差模型以及空间截面模型，检验了中原经济区空间趋同俱乐部的形成和检验机制，发现中原经济区之所以能形成HH组和LL组两个不同类别的空间趋同俱乐部，主要是由不同的空间依赖模式所致，其形成和演进是由局部地理溢出所致，其溢出范围及溢出程度直接决定了空间趋同俱乐部成员数量以及俱乐部的空间范围。

（二）不足

1. 区域经济增长除了受到研究区域成员自身的因素外，还受邻居区域影响，如人口流动、技术及资本的外溢等，通过地理空间的局部溢出，产生了空间趋同俱乐部，至于地理空间的全局溢出对空间俱乐部趋同的影响探讨较少。其次，区域经济增长除了自身因素及一阶相邻邻居成员的影响外，至于二级相邻、三级相邻的成员对研究区域经济增长的作用如何测算，目前还无法定论，这是本研究接下来需要进一步探讨的问题。

2. 在空间趋同俱乐部的形成和演进机制方面，通过重新改进模型，完成了对中原经济区空间趋同俱乐部的检验，发现中原经济区空间趋同俱乐部是由依赖模式的不同，产生了不同类别的（HH组和LL组）空间趋同俱乐部，其形成和演进完全是由地理空间的局部溢出引起的，而不是全局溢出的结果，这种解释虽然较好诠释了空间趋同俱乐部的形成和演进机制，但是其地理溢出的途径与地理溢出的时间效应却难以观察到。因此，本研究一直致力于构建一个既具有时间概念，同时又具有空间概念的时空耦合模型，来检验空间趋同俱乐部的形成和演进机制则更有说服力，这也是本研究接下来要继续加强研究的问题。

参考文献

[1] Alexiadis, J. Tomkins. Convergence Clubs in the Regions of Greece [J]. Applied Economics Letters, 2004 (11): 387 -391.

[2] Annekatrin Niebuhr. Convergence and the Effects of Spatial Interaction [D]. HWWA Discussion Paper, 2001, 110: 1 -30.

[3] Anselin. L and Rey S J. Introduction to the Special Issue on Spatial Econometrics [J]. *International Regional Science Revie*, 1997, 20: 1 -7.

[4] Anselin, L. Spatial Econometrics: Methods and Models [J]. *Dordrecht: Kluwer Academic Publishers*, 1988a, 12: 33 -39.

[5] Anselin, L. Lagrange multiplier test diagnostics for spatial dependence and spatial heterogeneity [J]. *Geographical Analysis*, 1988b, 20: 1 -17.

[6] Anselin, L. Spatial Econometrics in Baltagi B Ed Companion to Econometrics *Basil Blackwell* [J]. *Oxford*, 2000, 19: 26 -33.

[7] Anselin, L. Under the Hood Issues in the Specification and Interpretation of Spatial Regression Models [J]. *Agricultural Economics*, 2002, 27: 247 -267.

[8] Anselin, L. Spatial Externalities, Spatial Multipliers and Spatial Econometrics [J]. *International Regional Science Review*, 2003, 26: 153 -166.

[9] Armstrong, H. Convergence among regions of the European Union1950 - 1990 [J]. *Papers in Regional Science*, 1995, 74: 143 -152.

[10] Barro, R. J and X Sala-I-Martin. Convergence across States and Regions [J]. *Brookings Papers on Economic Activity*, 1991, 64: 107 - 182.

[11] Barro, R JM ankiw N G and X Sala-i-Martin. Capital Mobility in Neoclassical Models of Growth [J]. *American Economic Review*, 1997, 85: 103 - 115.

[12] Baumont, C and J. -M. Huriot. L'interaction agglomération-croissance en économie géographique [C]. *In: Bailly A. and J. -M. Huriot (Eds.) Villes et Croissance Théories, Modèles, Perspectives*, 1999, 22: 133 - 168.

[13] Baumont, C Cem Ertur and Julie Le Gallo. Exploratory Spatial Data Analysis of the Distribution of Regional Per Capita GDP in Europe, 1980 - 1995 [J]. *Regional Science*, 2003, 82: 175 - 201.

[14] Ben-David, D. Convergence Clubs and Diverging Economies [J]. *CEPR working paper*, 1994, 32: 06 - 19.

[15] Ben-David, D. Convergence Clubs and Subsistence Economies [J]. *Journal of Developmental Economics*, 1998, 55: 153 - 169.

[16] Bernard, A. and Durlauf S, N. Convergence in International Output [J]. *Journal of Applied Econometrics*, 1995, 10: 97 - 108.

[17] Bernard, A. and Durlauf S. N. Interpreting Tests of Convergence Hypothesis [J]. *Journal of Econometrics*, 1996, 71 (2): 162 - 173.

[18] Bräuninger, M. and A. Niebuhr. Agglomeration, Spatial Interaction and Convergence in the EU [J]. *HWWA Discussion Paper*, 2005, 36: 322 - 328.

[19] Breiman, L J, H. Friedman, R. A. Olsen and C. J. Stone. Classification and Regression Trees [J]. *Wadsworth, Belmont*, 1984, 54: 128 - 135.

[20] Carl-Johan Dalgaard, Jes Winther Hansen. Capital Utilization and the Foundations of Club Convergence [J]. EPRU Working Paper Series,

2004: 1 -11.

[21] Carrington, Anca. A Divided Europe? Regional Convergence and Neighbourhood Spillover Effects [J]. Kyklos, 2003, 56 (3): 381 -394.

[22] Catherine, Baumont Cem, Ertur and Julie Le Gallo. Exploratory Spatial Data Analysis of the Distribution of Regional Per Capita GDP in Europe, 1980 -1995 [J]. *Regional Science*, 2003, 82: 175 -201.

[23] Chatterji, M. Convergence clubs and endogenous growth [J]. *Oxford Review of Economic Policy*, 1992, 8: 57 -69.

[24] Carlino, G. A. and Mills L, O. Are US Regional Incomes Converging? A Time Series Analysis [J]. *Journal of Monetary Economics*, 1993, 32: 335 -346.

[25] Costantini, M. and Claudio L. Stochastic convergence among European economies [J]. *Economics Bulletin*, 2005, 38 (3): 1 -17.

[26] Deardorff, Alan V. Rich and Poor Countries in Neoclassical Trade and Growth [J]. *The Economic Journal*, 2001, 111: 277 -294.

[27] Démurger, S. J. D. Sachs, W. T. Woo, S. Bao, G. Chang, and A. Mellinger. Geography, Economic Policy and Regional Development in China [J]. *Journal of Economics Research*, 2002, 9: 14 -23.

[28] de long, BJ. Summers, L. Equipment Investment and Economic Growth [J]. Quarterly Journal of Econiomics, 1991, 106 (2): 445 -502.

[29] De Long, Bradford J. Productivity Growth Convergence, and Welfare: A Comment [J]. *American Economic Review*, 1988, 78: 38 -54.

[30] De Siano, R and D'Uva, M, Specializzazione ecrescita: un'applicazione alle regioni dell' Unione Monetaria Europea [J]. Rivista Internazionale di Scienze Sociali, 2004, 4: 381 -398.

[31] De, Siano and D'Uva. Specialization and Local Growth: an application of CART Analysis to European Regions [J]. *tudy Economics*, *orthcoming*, 2006, 22: 39 -44.

[32] De, Siano and D' Uva, M. Human capital and club convergence in Italian regions [J]. Economics Bulletin, 2007, 8 (1): 1 -7.

[33] DiCecio, R. and Charles, S. G. Income convergence in the United States: a tale of migration and urbanization [J]. The Annals of Regional Science, 2010, 45 (2): 365 -377.

[34] Doreian, P. Linear Models with Spatially Distributed Data, patial Disturbances or Spatial Effects [J]. *Sociological Methods and Research*, 1980, 16: 49 -56.

[35] Durlauf, S N. Nonergodic economic growth [J]. Review of Economic Studies, 1993, 60 (2): 349 -366.

[36] Durlauf, S. N. and Johnson, P. A. Multiple regimes and cross-country growth behavior [J]. *Journal of Applied Econometrics*, 1995, 10: 365 -384.

[37] Durlauf, S. N. A Theory of Persistent Income Inequality [J]. *ournal of Economic Growth*, 1996, 12 (1): 75 -93.

[38] Efthymios, G Tsionas. Another Look at Regional Convergence in Greece [J]. *Regional Studies*, 2002, 36 (6): 603 - 609.

[39] Ertur, Cem, Julie Le Gallo, and Catherine Baumont. The European Regional Convergence Process, 1980 -1995: Do Spatial Regimes and Spatial Dependence Matter? [J]. *International Regional Science Review*, 2006, 29 (1): 3 -34.

[40] Evans, P. Using panel data to evaluate growth theories [J]. *International*

Economic Review, 1998, 39: 295 –306.

[41] Fabio, Canova. Testing for convergence clubs in income per-capita: a predictive density approach [J]. *International Economic Review*, 2004, 45 (1): 49 –77.

[42] Fingleton, B. Specification and Testing of Markov Chain Models: An Application to Convergence in the European Union [J]. *Oxford Bulletin of Economics and Statistics*, 1997, 59 (3): 385 –403.

[43] Fingleton, Bernard and John S. L. McCombie. Increasing Returns and Economic Growth: Some Evidence for Manufacturing from the European Union Regions [J]. *Oxford Economic Papers*, 1998 (1): 89 –105.

[44] Fingleton, B. Estimates of Time to Convergence: An Analysis of Regions of European Union [J]. *International Regional Science Review*, 1999, 22: 5 –34.

[45] Fingleton, Bernard. Theoretical Economic Geography and Spatial Econometrics: Dynamic Perspectives [J]. *Journal of Economic Geography*, 2001, 1 (2): 201 –225.

[46] Fingleton, Bernard and Enrique López-Bazo. Empirical Growth Models with Spatial Effect [J]. *Papers in Regional Science*, 2006, 85: 177 –198.

[47] Fischer, M. M. and C. Stirböck. Pan-European regional income growth and club-convergence Insights from a spatial econometric perspective [J]. *Annals of Regional Science*, 2006, 40: 693 –721.

[48] Fulvio, Castellacci. Convergence and Divergence among Technology Clubs [J]. *DRUID Working Paper*, 2006, 12: 06 –21.

[49] Galor, Oded. 1996. Convergence? Inference from Theoretical Models [J]. *Economic Journal*, 1996, 106: 1056 –1069.

[50] Galor, Oded and Zeira Joseph. Income Distribution and Macroeconomics [J]. *Review of Economic Studies*, 2001, 60 (1): 35 -52.

[51] Hobijn, B. and P, H Franses. Asymptotically Perfect and Relative Convergence of Productivity [J]. *Journal of Applied Econometrics*, 2000, 15 (1): 59 -81.

[52] Ho-Chuan, Huang. Diverging evidence of convergence hypothesis [J]. *Journal of Macroeconomics*, 2005, 27: 233 - 255.

[53] Im, Kyung-So, M. Hashem Pesaran, and Yongcheol Shin. Testing for Unit Root in Heterogeneous Panels [J]. *Journal of Econometrics*, 2003, 115 (1): 53 -74.

[54] Islam, Nazrul. Growth Empirics: A Panel Data Approach [J]. *Quarterly Journal of Economics*, 1995, 110: 1127 -1170.

[55] Islam, Nazrul. What Have We Learnt from the Convergence Debate? [J]. *Journal of Economic Surveys*, 2003, 17 (3): 309 -362.

[56] Javier, Alvarez and Manuel Arellona. The Timer Series and Cross-Section Asymptotics of Dynamic Panel Data estimators [J]. *CEMFI Working Paper*, 1998, 12: 9808 -9812.

[57] J, F. Brun, J. L. Combes and M. F. Renard. Are there spillover effects between coastal and noncoastal regions in China? [J]. *China Economic Review*, 2002, 12: 161 -169.

[58] Kalaitzidakis, Mamuneas Savvides and Stengos. Measures of human capital and nonlinearities in economic growth [J]. *Journal of Economic Growth*, 2001, 6: 229 -254.

[59] Krugman, P. Increasing Returns and Economic Geography [J]. *Journal of Political Economy*. 1991, 99: 483 -499.

[60] Krugman, P. First Nature, Second Nature and Metropolitan Location [J]. *Journal of Regional Science*, 1993a, 33: 129-144.

[61] Krugman, P. On the number and location of cities [J]. *European Economic Review*, 1993b, 37: 293-293.

[62] Lall, S. V, Yilmaz, S. Regional economic convergence: do policy instruments make a difference? [J]. *The Annals of Regional Science*, 2001, 35: 153-166.

[63] Long, Gen Ying. Measuring the spillover effects Some Chinese evidence [J]. *Regional Science*, 2000, 79: 75-89.

[64] Long, Gen Ying. Understanding China's recent growth experience: A spatial econometric perspective [J]. *Ann Regional Science*, 2003, 37: 613-628.

[65] López-Bazo et al. Regional economic dynamics and convergence in the European Union [J]. *Annals of Regional Science*, 1999, 33: 343-370.

[66] López-Bazo, Enrique Esther Vayá and Manuel Artis. Regional Externalities and Growth: Evidence from European Regions [J]. *Journal of Regional Science*, 2004, 44 (1): 43-73.

[67] Lucas, Robert E Jr. On the Mechanics of Economic Development [J]. Journal of Monetary Economics, 1988, 22: 3-42.

[68] Manfred M. Fischer, Claudia Stirböck. Pan-European Regional Income Growth and Club-Convergence: Insights from a Spatial Econometric Perspective [J]. The Annals of Regional Science, 2006, 40 (4): 693-721.

[69] Mankiw, N Gregory, Romer David and David Weil. A contribution to the Empirics of Economic Growth [J]. *Quarterly Journal of Economics*, 1992, 107: 407-437.

[70] Manski, C. F. Identification of Endogenous Social Effects: The Reflection

Problem [J]. *Review of Economic Studies*, 1993, 60: 531 -542.

[71] Martin, R B, Sunley. Slow convergence? The new endogenous growth theory and regional development [J]. *Economic geography*, 1999, 74 (3): 201 -207.

[72] Martin, R. EMU versus the regions? Regional convergence and divergence in Euroland [J]. *JEcon Geogr*, 2001, 1 (1): 51 -80.

[73] Moreno, Ramon and Bharat, Trehan. Location and the Growth of Nations [J]. Journal of Economic Growth, 1997, 2 (4): 399 -418.

[74] Olejnik, A. Using the spatial autoregressively distributed lag Model in assessing the regional convergence of per-capita income in the EU25 [J]. Regional Science, 2008, 87 (3): 371 -384.

[75] Pfaffermayr, Michael. Conditional βand σ-convergence in Space: A Maximum Likelihood Approach [J]. Regional Science and Urban Economics, 2009, 39 (1): 63 -78.

[76] Peter, Egger. Michael, Pfaffermayr. Spatial convergence [J]. Regional Science, 2006, 85 (2): 199 -215.

[77] Quah, D. T. Empirical cross section dynamic in economic growth [J]. European Economic Review, 1993, 37 (3): 426 -434.

[78] Quah, D T. Twin peaks: growth and convergence in models of distributiondynamics [J]. Economic Journal, 1996a, 106: 1045 -1055.

[79] Quah, D T. Convergence empirics across economies with (some) capital mobility [J]. *Journal of Economic Growth*, 1996b, 1 (1): 95 -124.

[80] Quah, D T. Empirics for economic growth and convergence [J]. *European Economic Review*. 1996c, 40: 1353 -1375.

[81] Quah, D T. Empirics of Growth and Distribution: Stratification, Polariza-

tion, and Convergence Clubs [J]. Journal of Economic Growth, 1997, 2: 27 -59.

[82] Quah, T. Empirics for growth and distribution: stratification polarization and convergence clubs [J]. *Journal of Economic Growth*, 1991, 2: 27 -59.

[83] Rey, S and Montouri B. U. S. Regional Income Convergence: A Spatial Econometric Perspective [J]. *Regional Studies*, 1999, 33: 143 -156.

[84] Rey, S. Janikas, M. V. Regional Convergence, Inequality, and Space [J]. Journal of Economic Geography, 2005, 5: 155 -176.

[85] Rigby, D. L Essletzbichler J. Evolution, Process Variety, and Regional Trajectories of Technological Change in US Manufacturing. Evolution, Process Variety, and Regional Trajectories of Technological Change in US Manufacturing [J]. *Economic Geography*, 1997, 73: 269 -284.

[86] Rigby, D L, Essletzbichler J. Agglomeration economies and productivity differences in US cities [J]. *Journal of Economic Geography*, 2002, 2: 4007 -4032.

[87] Romer, P M. Increasing Returns and Long-run Growth [J]. *Journal of Political Economy*, 1986, 94 (5): 1002 -1037.

[88] Rumayya, Wirya Wardaya and Erlangga Agustino Landiyanto. Club convergence and regional spillovers in East JAVA [J]. *Regional Economic Development*, 2005, 17: 1315 -1445.

[89] Sala-I, Martin, Xavier. Regional Cohesion: Evidence and Theories of Regional Growth and Convergence [J]. *European Economic Review*, 1996, 40: 1325 -1352.

[90] S, Alexiadis and J. Tomkins. Convergence clubs in the regions of Greece [J]. *Applied Economics Letters*, 2004, 1: 387 -391.

[91] Sandy, Dall' erba and Gallo, J L. Regional convergence and the impact of European Structural Funds over 1989 – 1999: a spatial econometric analysis [J]. Regional Science, 2008, 87 (2): 219 –244.

[92] Sanghamitra Bandyopadhyay. Convergence club empirics: some dynamics and explanations of unequal growth across Indian States [J]. DARP Discussion Paper, 2003, No. 69.

[93] Rey, S and Montouri B. U. S. Regional Income Convergence: A Spatial Econometric Perspective [J]. Regional Studies, 1999, 33: 143 –156.

[94] Toni, Mora. Factors conditioning the formation of European regional convergence clubs [J]. The Annals of Regional Science, 2008, 42 (4): 911 –927.

[95] Ying, L. Understanding China's Recent Growth Experience: a Spatial Econometric Perspective [J]. The Annals of Regional Science, 2003, 37: 613 –628.

[96] Wirya. Wardaya and Erlangga, Agustino Landiyanto. Club convergence and regional spillovers in East JAVA [J]. Regional Economic Development, 2005, 17 (3): 1315 –1445.

[97] 蔡昉，都阳．中国地区经济增长的趋同与差异——对西部开发战略的启示 [J]. 经济研究，2000 (10): 30 –37.

[98] 蔡昉，都阳．区域差距、趋同与西部开发 [J]. 中国工业经济，2001 (2): 48 –54.

[99] 才国伟．中国区域经济增长决定因素分析 [M]. 北京：科学出版社，2010.

[100] 丁焕峰．区域发展理论回顾 [J]. 生产力研究，2005 (1): 226 –227.

[101] 樊纲，王小鲁．中国市场化指数——各地区市场化相对进程报告（2001 年）［M］．北京：经济科学出版社，2003.

[102] 樊纲，王小鲁，朱恒鹏．中国市场化指数——各地区市场化相对进程 2009 年报告［M］．北京：经济科学出版社，2010.

[103] 冯子标．经济增长与收入分配变动趋势分析［J］．经济学家，2004（4）：23－29.

[104] 高国力．区域经济不平衡发展论［M］．北京：经济科学出版社，2008.

[105] 韩宝江．领会“包容性增长”的深意［J］．理论视野，2010（10）：1－2.

[106] 贺灿飞，梁进社．中国区域经济差异的时空变化：市场化，全球化与城市化［J］．管理世界，2004（8）：8－17.

[107] 贺清云，刘冬荣，黄飞，丁雪莲．湖南省区域趋同分析［J］．人文地理，2005（6）：11－14.

[108] 何江，张馨之．中国区域经济增长及其收敛性：空间面板数据分析［J］．南方经济，2006（6）：44－50.

[109] 黄肖琦．新经济地理学视角下的 FDI 区位选择—基于中国省际面板数据的分析［J］．管理世界，2006（10）：7－13.

[110] 黄新飞，舒元．国际贸易与省区经济增长［M］．北京：科学出版社，2010.

[111] 李明山，张青松，朱峰等．四川经济发展的优劣势［J］．省情纵览，2006（10）：29－30.

[112] 李仁贵．西方区域发展理论的主要流派及其演进［J］．经济评论，2005（6）：57－60.

[113] 李郇，徐现祥，舒元．城市化、区域一体化与经济增长［M］．北

京：科学出版社，2010.

[114] 刘春艳，穆新伟，刘淑娟．山东省区域经济增长趋同研究［J］．山东师范大学学报（自然科学版），2006，21（3）：110－112.

[115] 林毅夫，刘培林．中国的经济发展战略与地区收入差距［J］．经济研究，2003（3）：19－25.

[116] 刘强．中国经济增长的收敛性分析［J］．经济研究，2001（6）：70－77.

[117] 刘迎霞．空间效应与空间俱乐部趋同［D］．开封：河南大学环境与规划学院博士学位论文，2010.

[118] 刘夏明，魏英琪，李国平．收敛还是发散？［J］．经济研究，2004（7）：71－79.

[119] 罗仁福，李小建．中国省级经济趋同的定量分析［J］．地理科学进展，2002（1）：73－79.

[120] 潘竟虎，石培基．甘肃省区域经济增长俱乐部空间趋同分析［J］．西北师范大学学报（自然科学版），2007（6）：84－90.

[121] 彭国华．中国地区收入差距、全要素生产率及其收敛分析［J］．经济研究，2005（9）：19－29.

[122] 蒲英霞，马荣华，葛莹，黄杏元．基于空间马尔可夫链的江苏区域趋同时空演变［J］．地理学报，2005（9）：817－826.

[123] 蒲英霞，马荣华，罗浩，黄杏元．基于马尔可夫链的江苏省“俱乐部趋同”演变特征［J］．南京社会科学，2006，（7）：110－116.

[124] 覃成林，彭宝玉．河南区域经济增长趋同实证分析［J］．经济问题探索，2005，（8）：87－90.

[125] 覃成林，张伟丽．区域经济增长俱乐部趋同研究动态［J］．经济学动态，2008（3）：101－106.

[126] 覃成林，唐永．河南区域经济增长俱乐部趋同研究［J］．地理研究，2007（3）：548－556.

[127] 覃成林，张伟丽．中国区域经济增长俱乐部趋同检验及因素分析［J］．管理世界，2009（3）：21－35.

[128] 覃成林．中国区域经济增长趋同与分异研究［J］．人文地理，2004（6）：36－40.

[129] 秦耀辰，苗长虹，等．中原经济区科学发展研究［M］．北京：科学出版社，2011.

[130] 沈坤荣，马俊．中国经济增长的“俱乐部趋同”特征及其成因研究［J］．经济研究，2002（1）：33－39.

[131] 孙久文，邓慧慧．京津冀区域趋同的实证分析［J］．地理与地理信息科学，2006，22（5）：60－63.

[132] 田艳平．中部地区经济发展的“俱乐部趋同”［J］．生产力研究，2006（5）：115－116，119.

[133] 王启仿．区域经济增长的俱乐部趋同特征分析——以江苏省为例［J］．科技进步与对策，2004（3）：156－158.

[134] 王小鲁，樊纲．中国地区差距：20 年变化趋势及影响因素［M］．北京：经济科学出版社，2004.

[135] 魏后凯．我国宏观区域发展理论评价［J］．中国工业经济研究，1990（1）：76－80.

[136] 魏后凯．中国地区经济增长及其收敛［J］．中国工业经济，1997，（3）：31－37.

[137] 徐现祥，舒元．物质资本、人力资本与中国地区双峰趋同［J］．世界经济，2005（1）：47－57.

[138] 徐现祥，王贤彬．任命制下的官员经济增长行为［J］．经济学（季

刊)，2010（4）：16－22.

[139] 许召远，李善同．近年来中国地区差距的变化趋势［J］．经济研究，2006（7）：106－116.

[140] 阳立高，廖建中．城镇化、工业化与农业产业化经济拉动作用分析［J］．2009（3）：163－167.

[141] 张焕明．我国经济增长的地区性趋同理论及市政分析［M］．合肥：合肥工业大学出版社，2007.

[142] 张文忠．新经济地理学的研究视角探析［J］．地理科学进展，2003，1（22）：94－95.

[143] 张伟丽．区域经济增长俱乐部趋同：概念、识别及机制——基于中国案例分析［D］．开封：河南大学环境与规划学院博士学位论文，2009.

[144] 赵威．区域经济增长空间俱乐部趋同检验及影响因子研究［M］．北京：中国经济出版社，2017.

[145] 赵威．区域经济增长空间俱乐部趋同检验及影响因子研究［J］．河南大学学报（自然科学版），2018，48（5）：1－10.

[146] 赵勇，白永秀．知识溢出：一个文献综述［J］．经济研究，2009（1）：144－156.

[147] 中共河南省委宣传部．解读中原经济区［M］．郑州：河南人民出版社，2011.

[148] 周吉梅，舒元．广东省三次产业全要素生产率的测算 1978－2002［EB/OL］．HTTP：//WWW. Sinoss. net/qikan/2010/1115/9793. htm，2010－7－16/2010－10－3.

[149] 朱光美．空间知识溢出与我国区域经济发展政策研究［J］．科技进步与对策，2007（6）：45－49.

致　谢

凌晨3：40，当书稿内容敲完最后一个字时，模糊、苦涩的眼睛一直还盯在屏幕上。在过去一年多的时间里，回想往事，一路走来，想对长期以来关心帮助我的老师、同事和同学致以深深的谢意。

首先，感谢覃成林老师，老师为人正直，治学严谨，做人做事讲究方式、方法，在我撰写书稿最困难的时候，老师总能及时给我指点和帮助，使一个个难题迎刃而解；同时，老师还教我做人要正直，交往要诚信，为人要谦恭，处事要果断，研究要潜心，工作要认真。老师的谆谆教导，让我学会了做人、处事道理，老师的谆谆教导深深地在学生的心里扎根，学生也会按照老师的要求来教育我的学生如何做人、如何做事，并把老师高尚的师德让一代代学生弘扬下去，最后学生再次对覃老师的教诲深表谢意!

其次，感谢王发曾老师。从硕士阶段，老师就在我身上倾注了大量心血。老师从研究选题、撰写提纲、资料查阅到定稿，不断督促我，鼓励我，要知难而进，不能懈怠，有时候深夜还给我打电话询问书稿撰写的进展情况，还有什么问题没有解决，要及时与老师沟通。老师话语不多，一直在背后不停地关心我、帮助我，这是用语言无法表达的。老师严谨的治学态度，务实的工作作风，风趣幽默的教风，一直深深地激励和鞭策着我。在此，学生对老师表示崇高敬意!

特别感谢的还有李小建教授、苗长虹教授、梁留科教授、丁圣彦教授、朱连奇教授、孔云峰教授、陈太政教授、赵永副教授、王清利副教授、赵永久副教授、丁志伟副教授、张改素博士等均给我提供了很多帮助。

在书稿的撰写过程中，我还要特别感谢河南大学经济学院的宋丙涛教授，彭凯翔教授、孟骞博士。特别是彭凯翔教授，对该研究的模型构建、数据分析、结果验证等方面给予很多帮助，帮我迈过一道道难关，最终顺利完成本书稿写作。此外，还要感谢刘迎霞副教授、张伟丽副教授、周凯月硕士、李永贺硕士、李政旸硕士、蔡冰冰硕士、杨慧硕士、丁若璠硕士等老师和同学。

在书稿的写作过程中，感谢爱人于明侠给予我无微不至的照顾，她在家承包了所有的洗衣、做饭、买菜、拖地等家务，还要照看年幼倔强的儿子，而且毫无怨言，本人只有感激，再感激！

最后，我要感谢中国经济出版社的丁楠编辑，为出此书她付出了大量心血，尤其是在审稿、校稿阶段付出了辛勤劳动，辛苦啦丁老师！

赵　威

2018 年 10 月